CW00553294

1 MONTH OF
FREE
READING

at

www.ForgottenBooks.com

By purchasing this book you are eligible for one month membership to ForgottenBooks.com, giving you unlimited access to our entire collection of over 1,000,000 titles via our web site and mobile apps.

To claim your free month visit: www.forgottenbooks.com/free1018751

ISBN 978-0-332-09546-2
PIBN 11018751

This book is a reproduction of an important historical work. Forgotten Books uses
state-of-the-art technology to digitally reconstruct the work, preserving the original format
whilst repairing imperfections present in the aged copy. In rare cases, an imperfection in
the original, such as a blemish or missing page, may be replicated in our edition. We do,
however, repair the vast majority of imperfections successfully; any imperfections that
remain are intentionally left to preserve the state of such historical works.

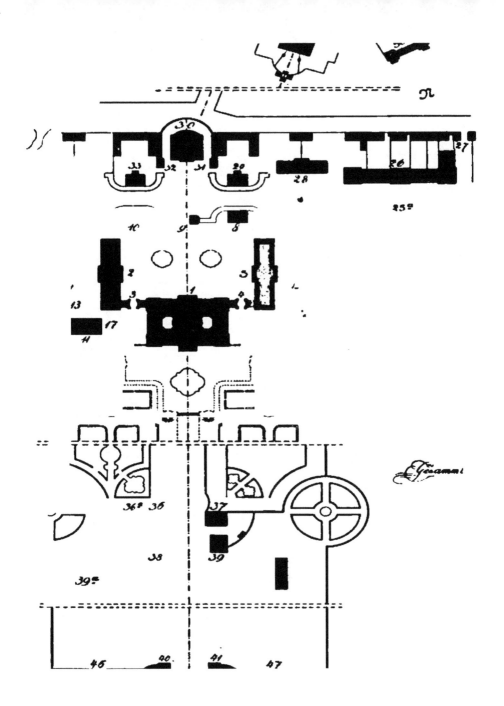

Das Bruchsaler Schloß
im XIX. Jahrhundert

Bruchsaler Schloß

im XIX. Jahrhundert

von

Fritz Hirsch

Mit 12 Abbildungen

Heidelberg 1906
Carl Winter's Universitätsbuchhandlung

Verlags-Archiv No. 105.

Den Manen

des Finanzministers

Dr. Adolf Buchenberger

sind diese Blätter gewidmet.

Vorwort.

———

. Als mir vor zwei Jahren die Leitung der Bezirksbauinspektion Bruchsal und damit auch die Fortführung der hiesigen
Schloßrenovation anvertraut wurde, dachte ich unwillkürlich an
das Sprichwort: „mit dem Amte kommt der Verstand", aber er
kam nicht. Vielmehr reifte mir sehr rasch die Überzeugung, daß
neben dem Tagewerk der Bauausführung eine Durcharbeitung des
gesamten mir zur Verfügung stehenden Akten- und Planmateriales
vorzunehmen sei, und die Nachtigall sang ihr Lied dazu.

Die Funken, die bei dieser Arbeit fielen, sollten mir das
Dunkel so manchen Rätsels auf der Baustelle erhellen; die Ab-
fälle am Boden kehrte ich zusammen, und wenn ich unter ihnen
auch keine Goldkörner fand, so wußte ich doch, daß man selbst
aus Lumpen ein brauchbares Produkt gewinnen kann.

Bruchsal, Ostern 1906.

Der Verfasser.

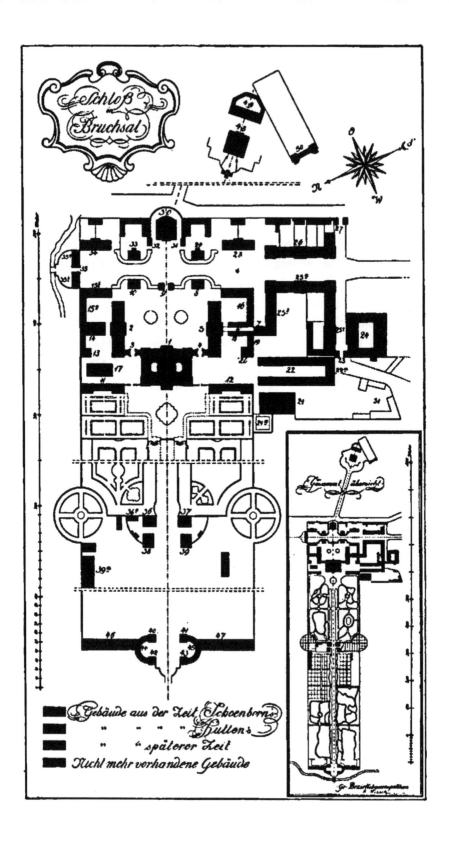

Schloß Bruchsal

Gebäude aus der Zeit Schoenborn's
"   "   "   " Hutten's
"   "   " späterer Zeit
Nicht mehr vorhandene Gebäude

Inhalt.

Die in [ ] eingeschlossenen Zahlen beziehen sich auf den Lageplan.

I. Teil:

III. Teil:

Anhang:

I. Teil.

Markgräfin Amalie in Bruchsal.

„Hört, sagte Christoph zu seinem Herrn, auf userm Dache fehlt ein Ziegel; laßt ihn nachstecken! Aber der leichtsinnige Hausherr sagte: Ach was! Ein Ziegel mehr oder weniger, das schadet nichts" u. s. w.

Wer erinnert sich nicht aus seiner frühesten Schulzeit jener Geschichte, von deren großer Wahrheit schon der A-B-C-Schütze durchdrungen ist. Wie ganz anders müssen diejenigen gedacht haben, denen das Schloß in Bruchsal in dem halben Jahrhundert anvertraut war, das dem Tode des letzten fürstlichen Bewohners[1], der Markgräfin Amalie, folgte? Die in den Akten der Bezirksbauinspektion typisch wiederkehrenden Mitteilungen der Witwe Guerillot und später ihrer Tochter Maria, die heute noch, hochbetagt, treu ihres ererbten Amtes waltet, daß das Regenwasser durch die Plafonds dringe, bilden die einzigen Mahnrufe, die im Jahre 1845 noch eine umfangreiche Reparatur der Dächer veranlaßten, in der Folgezeit aber auf immer unfruchtbareren Boden fielen, um mit rührender Konsequenz trotzdem immer wiederzukehren.

Die äußeren Schicksale des Schlosses während des XIX. Jahr-

---

[1] Vorübergehend, nämlich vom 9. bis 17. Juni 1903, wohnte S. K. Hoheit Prinz Max während des Manövers im Corps de Logis. Das Musikzimmer wurde als Schlafraum eingerichtet. Der Kammerdiener logierte in der Hauskapelle. Nach freundlicher Mitteilung der Schloßverwalterin Fräulein Guerillot.

Fritz Hirsch, Das Bruchsaler Schloß im XIX. Jahrhundert.

hunderts erklären seine stiefmütterliche Behandlung zur Genüge. Mit der Säkularisation verlor das fürstbischöfliche Schloß seine kunstsinnigen Bewohner, von denen und für die es erbaut war. Als Witwensitz der Markgräfin Amalie von Baden entfaltete sich noch einmal in den glänzenden Sälen das Gepränge fürstlichen Hofhaltens. Damit war für eine Zeitlang noch eine geordnete bauliche Unterhaltung gewährleistet. Die im Erdgeschoß nördlich an den Gartensaal anschließenden Räume zeigen heute noch mit ihren kupfergrün angemalten geraden Deckengesimsen und den klassizistischen Deckenmalereien den damaligen Geschmack. Ein undatierter, von Schwarz[1] gezeichneter Grundriß dieser Räume trägt die Überschrift: „Plan zur Errichtung eines Gartenspeisezimmers, eines Schlafzimmers und Bads etc. im Residenzschloss Ihro Hoheit der durchlauchtigsten Frau Markgräfin von Baden zu Bruchsal." Nach diesem Plan sollte der an den Gartensaal anschließende Raum als „Speise-", der nächste als „Kaffe"-Zimmer Verwendung finden. In der Ecke liegt das Schlafzimmer, daneben das Bad mit Garderobe und ein Wohnzimmer für eine Kammerfrau. Ein kleines, eingebautes fenster-

---

[1] Schwarz ist seit 1807 im Amt. Er ist der Sohn des am 23. Januar 1806 mit Tod abgegangenen Ohrist und Baudirektor Schwarz. Von Schwarz sen., der bis 1778 unter der Leibdragoner-Kompagnie als Oberleutnant angestellt, die Hoftafel mittags und abends zu genießen hatte (G. L. A. K. Fürstentum Bruchsal, Dienste 1803/04), sind folgende Pläne bei der Bezirks-Bauinspektion: Umbau der alten Schule zu einem Spital (Stirumspital) 1776, die Barmherzige Brüderkapelle beim Spital 1779 gez. von Schwarzens „Ober-Ballier Braun"; Grundriß des neu einzurichtenden Kavalier-Speisezimmers 1782, Paulskirche 1791, Celsissimi neues Quartier (im jetzigen Offizierskasino) 1797. Braun ist laut Eintrag im Totenbuch der Hofpfarrei (1784—1816, pag. 10) im Jahre 1785 den 3. November im Alter von 60 Jahren gestorben. Er wird hier genannt „perhonestus Georgius Julius Braun primus artis latomicae praefectus aulicus (vulgo Oberballier)."

loses Kämmerchen für den Leibstuhl ist hier wie auch in allen anderen Schlafappartements des Schlosses vorgesehen, trotzdem der richtige Abort in unmittelbarer Nähe liegt. Ein in den Plan neu hineinprojektiertes, um drei Stufen vertieftes elliptisches Bad ist nicht zur Ausführung gelangt. Der bezügliche Kostenüberschlag wird der Bauinspektion durch den Oberhofmeister Graf Bothmer mit Schreiben vom 28. November 1822 zurückgegeben mit der Eröffnung, daß Ihre Königl. Hoheit die Frau Markgräfin beschlossen habe, das bisherige Bad solle in gutem Stand erhalten werden. Aus dem Plan geht weiter hervor, daß der nunmehr zum Speisezimmer vorgesehene Raum vorher als „evangelisch-lutherische Hofkapelle"[1] benützt war, während in den übrigen erwähnten Räumen ehemals die „Hofzuckerbäckerei" untergebracht war. Daß dieser nach N.-W. gelegene Teil des Erdgeschosses für die intimen Wohnzwecke bevorzugt wurde, erklärt sich aus der Tatsache, daß die Frau Markgräfin nur zur Sommerszeit drei bis vier Monate hier zu residieren pflegte. Im Mai hielt sie gewöhnlich ihren Einzug, nachdem sie kurz, oft kaum vierzehn Tage, vorher dem Hausmeister Guerillot[2] mitteilte, wann sie komme, welche Gemächer sie zu bewohnen wünsche, welche Appartements für hohen und höchsten Besuch fertig sein sollen, für welches Gefolge und für wieviel Pferde und Wagen die Räume zum Gebrauch fertig zu sein haben. Die Bauinspektion hatte dann die nötigen Vorkehrungen zu treffen; Beschläge, Schlösser und Fenster .wurden nachgesehen, das Abstauben und Putzen wurde durch den Hausmeister auf Kosten der Frau Markgräfin besorgt. „Wenn diese unbedeutenden aber sehr nützlichen Arbeiten einige

---

[1] Erst nach dem am 21. April 1810 erfolgten Tod des Grafen Wilderich von Walderdorf wurde der evangelische Gottesdienst in der Schloßkirche abwechselnd mit dem katholischen gehalten.

[2] Der in den Domänenamts-Akten (D. A.) von 1818 als „Hoffourier" bezeichnete Vater der jetzigen Schloßverwalterin ist im Jahre 1834 gestorben.

Jahre unterblieben — so schreibt im Jahre 1829 die Bauinspektion —, dann werde das Schloß Bruchsal sehr bald seinem Kollegen in Rastadt siechenhaft zu Grabe folgen."

Als weitere Spuren dieser letzten fürstlichen Hofhaltung finden sich in fast allen Räumen des Schlosses zerstreut die senkrecht gestreiften Wandbespannungen und die unserm heutigen Geschmack so sympathischen Biedermaiermöbel. Es ist herzlich wenig übrig geblieben, wenn man bedenkt, daß im Jahr 1806 für die Wittumseinrichtung der Frau Markgräfin aus der Staatskasse 20543 fl 43 kr ausgegeben wurden.[1] Es wurden für diesen Betrag „Meubles, Weißzeug, Porzellain und Steingut, Glaswerk" u. ä. m. angeschafft.

Die halbseidenen Tapeten lieferte „Mons. Blanchon Cortet aus Lyon" für 2010 fl 13 kr, die reizenden, heute viel bewunderten „Lustres Glashändler Günter aus Böhmen" für 218 fl. Für ein „Tafelservice von weißem Porcelaine mit verzogenen farbigen Buchstaben F. A. (Friederike Amalie) von Mr. Diehl & Gerhard aus Paris" wurden 875 fl 52¹/₂ kr verausgabt. Das Weißzeug hat insgesamt 14172 fl 47 kr gekostet; darunter befinden sich Beträge von 1855 fl ¹/₂ kr für „1 Damast Garnitur von Model Sal. Maier", 660 fl für eine weitere Garnitur aus Lüttich, 2370 fl 29 kr für eine Leinwandlieferung von Zittau. Man sieht, der Ausspruch Napoleons: „wenn die Töchter der Markgräfin sie besuchten, müsse ihr Haus auf einem anständigen Fuß eingerichtet sein"[2], hatte volle Beachtung gefunden.

Bruchsals Einwohner mögen über die vielen Abwechslungen des neuen Kurses den Sturz ihrer bischöflichen Herren rasch vergessen haben, sie teilten nunmehr Freud und Leid mit der selten

[1] Erl. großh. Finanzministeriums vom 13. April 1833 an Bezirksbaumeister Lumpp.
[2] v. Freistädt, Erinnerungen aus dem Hofleben. Heidelberg 1902 bei Winter.

beliebten Fürstin durch Veranstaltung von Feierlichkeiten in Lust und Trauer. Den Glanzpunkt bildete jeweils die Beleuchtung der Saline.[1] Ausführliche Beschreibungen dieser Veranstaltungen sind im Druck auf uns gekommen.[2] Es war das Zeitalter der Transparente. Mit erstaunlichem Geschick wußte man die raffiniertesten Kunststückchen auszuführen, die auch unserem verwöhnten Geschmack wahrhaft imponierend erscheinen müssen. Nur einiges soll hier Erwähnung finden: „Zwischen beiden Hauptgebäuden an der Einfahrt[3] war ein mehrere Hundert Schuh tiefer, mit farbigen Lampenbögen beleuchteter Bergwerksstollen in Felsen zu sehen. Auf dem 14 Schuh hohen Gewölbe dieses Bergwerks ruhte das

---

[1] Im Jahre 1748, den 25. Juni, wurde der Grundstein zur Sahne gelegt. Von Ubstadt wurde hierzu eine Quelle hergeführt. Im Jahre 1749 wurde der Betrieb einer Gesellschaft überlassen. Das Unternehmen warf schlechten Gewinn ab und wurde daher am 4. August 1798 vom Bischof Wilderich dem K. K. Oberstleutnant Joh. Andr. v. Traitteur in Bestand gegeben. 1811 den 23. Dezember wurde die Saline von der großherzogl. badischen Regierung dem bisherigen Pächter verkauft und am 20. März 1824 aufgehoben (näheres s. Stocker: Bruchsal. Selbstverl. d. Verf. Bruchsal 1883, S. 39, und Stadtarchiv). Von der gräflich Traitteurschen Familie ging das Anwesen durch Erbschaft an die Familie v. Glaubitz und von dieser durch Kauf im Jahre 1904 an die Stadtgemeinde Bruchsal über. Die im Rathaus aufbewahrte von C. Gemeinhard mit der Feder gezeichnete Stadtansicht von Bruchsal zeigt „die Salin-Gebäu, die Süd-Häuser und die Gradir-Häuser", die letzteren mit besonderer Deutlichkeit den ganzen Vordergrund einnehmend.

[2] „Die Beleuchtung und sonstige Feierlichkeiten auf der Sahne zu Bruchsal bei höchster Anwesenheit Seiner regierenden churfürstlichen Durchlaucht zu Baden Carl Friderich." 1803, kl. Format, 53 Seiten, ohne Verleger und Druckort. „Die Feierlichkeiten auf der Sahne zu Bruchsal zu Ehren Ihro Majestäten des Königs und der Königin von Schweden veranstaltet im September 1803", wie vor, 15 Seiten. „Die Trauerbeleuchtung an dem Saline-Gebäude zu Bruchsal bei dem Leichenzug der Frau Herzogin von Braunschweig-Oels Hoheit am 26. April 1808", größeres Format, 3 Seiten. „Gesang zu Ehren der Kaiserin von Russland Majestät, bei einem ländlichen Feste auf der Sahne zu Bruchsal, 1814", 5 Seiten, Stadtarchiv.

[3] Diese Gebäude stehen noch.

7 Schuh hohe marmorartige Fußgemauer eines Tempels; die 16 Schuh hohen Säulen, Schwibbögen, Gesims und Kuppel des sechseckigen Tempels waren von farbigen Lampen bedeckt. Auf diesem Tempel erhob sich eine 15 Schuh hohe Pyramide mit dem Namenszug Carl Friderich mit Oelzweig gebildet, mit dem Churhut bedeckt in Feuerstrahlen sichtbar mit farbigen Lampen umgeben. In der Mitte dieses Tempels stand auf erhabenen Stufen ein Transparentes-Altargestell. Der Tempel selbst war noch mit acht 18 Schuh hohen Pyramiden von farbigen Lampen und mehreren kleinen transparenten Opferaltären, Inschriften, Girlanden und sonstigen Verzierungen umgeben. In diesem Tempel erschienen die Bergleute zu dem vor Anfang ihrer Arbeit gewöhnlichen Gebet, zündeten ihre Lampen an und fuhren in den Stollen auf der Rollstange hinunter, wo sie die im Bergwerk vorkommenden Manövers machten. Im Hintergrund arbeiteten sie mit Felsensprengen; unter dem Herabstürzen mehrerer Felsensteine stießen sie auf eine Gruft, in welcher unter Blitz und Donner ein Sarg mit der Transparenten-Inschrift zum Vorschein kam: Hier ruhet Hermann des Ersten von Zähringen heilige Asche 1074. Die Bergleute näherten sich dem Sarge, er verschwand und verwandelte sich in einen Quaderstein, worauf ein das Bild Hermanns vorstellender Kopf in einer Ritterhaube zu sehen war. Die Bergleute trugen unter dem Geschrei: Glück auf, diesen Quaderstein aus der Gruft in dem Stollen bis an den Schacht hervor, und zogen solchen am Haspel in den Tempel hinauf, wo sie ihn auf den Altar stellten. In diesem Augenblick zerfiel unter Blitz und Donner der Quaderstein, und aus dem Ritterkopf Hermanns erschien die Büste unseres geliebtesten Churfürsten Carl Friderichs. Alles jubelte und schrie: Vivat! Carl Friderich! Vivat! das neue Churhaus. Zu gleicher Zeit erschienen Feuerstralen unter Donner und Blitz hinter der Büste und alles rufet unter der lermenden türkischen Musik: Vivat Carl Fride-

rich!" Weiter wird erzählt von einer „Karousselle von vier aus-
gestopften Pferden und zwei Chaissen, schön geziert, das Gebäude
des Karoussels mit farbigen Transparenten-Lampen beleuchtet,
mit Guirlanden umhängt. Das 20 Stufen erhabene schöne
Sommerhaus[1] stellte einen Tempel mit Arcaden von farbigen
Lampen beleuchtet vor, in der Mitte stund ein marmorartiges
auf gothische Art gebildetes Denkmal. Als die höchsten Herr-
schaften aus dem Sommerhaus zurückgehen wollten, verwandelte
sich das Monument in einen auf Säulen ruhenden Tempel mit
vier Baldaquins von verschiedenen Farben umgeben, in dessen
Mitte eine gedeckte mit Speisen schon besetzte Tafel von 12 Cou-
verts mit Stühl, Beleuchtung und allem Zugehör zum Vorschein
kam. Die Säulen, die Gesimse, die Decke und alles daran sicht-
bare, à l'antique gezeichnete Laubwerk, Rosetten und sonstige
Verzierungen waren aus Folio von allen Farben gestaltet, die
Decke mit Spiegeltafeln gezieret. Auf vier größeren Spiegeltafeln
waren in Brillantförmig zusammengesetzten Steinen von farbigem
Folio die durchlauchtigsten Namenszüge Carl Friderich, Amalie
Friderika, Carl Ludwig, Friderich und Ludwig Wilhelm mit Chur-
hüten zu sehen, und das ganze mit einem aus der Mitte einer
Kuppel herabhangenden Kronleuchter von böhmischen Steinen beleuchtet." Die Sensationsnummer der Veranstaltung von 1803
bildete der vom „Sahne Admodiator kaiserl. Oberstlieutenant Che-
valier de Traitteur" inszenierte Aufstieg eines 59 Schuh hohen,
40 Schuh weiten Luftballons."

Die Lektüre dieser Beschreibungen ist geeignet, eine in Jahr-
zehnten befestige irrige Vorstellung jenes biederen weiß getünch-
ten Klassizismuses ins Wanken zu bringen.

Als Beispiel des rührenden Verhältnisses zwischen Bruchsals

---

[1] Ein noch stehender reizender Rundbau, dessen Erhaltung dringend
zu wünschen wäre. Von den Wandmalereien des Innern besitzt das Stadtarchiv photographische Aufnahmen.

Bürgern und ihrer Amalie möge hier ein Kondolenzbrief[1] Platz finden, der als solcher einer gewissen Komik nicht entbehrt:

„Durchlauchtigste Frau Markgräfin,

gnädigste Frau!

Die Stadt Bruchsal fühlt den Verlust des theuersten Enkels[2] Euer Hoheit mit dem tiefsten Leid, und wenn ein tieferer Schmerz möglich wäre, noch darum besonders, weil dieses Trauer-Ereignis zugleich die süße Hoffnung zernichtet hat, Euere Hoheit während des heuerigen Herbstes in unseren Weinbergen verehren zu dürfen; diese höchste Gegenwart würde unserem diesjährigen kleinen armen Herbste ersetzt haben, was ihm die Kraft der Sonne diesmal versagt hat. Um jedoch nicht ganz alles dieses Vergnügens zu entbehren, erlauben wir uns die Freiheit, Euer Hoheit mit einer kleinen Probe unseres Herbstes unter-thänigst aufzuwarten, empfehlen uns zu hohen Hulden und Gna-den und ersterben in tiefster Ehrfurcht

Euer Hoheit

Bruchsal, d. 20. Octb. 1812

untertgstr.

Oberburgermeister u. rath."

Der Tod der Markgräfin Amalie war für Bruchsal ein harter, vielleicht der härteste Schlag. Mit wehmütigem Gefühl mögen die treuen Bruchsaler am 27. Juli 1832 einen letzten Blick auf die irdischen Überreste der hohen Entschlafenen gerichtet haben!

Die Trauerfeier vollzog sich also:

---

[1] Stadtarchiv, sog. blaues Buch, Nr. 2.

[2] Es war der erste Sohn des Großherzogs von Baden, der nach kaum 14 Tagen an Gichtern starb.

Programm

über

das feierliche Leichenbegängniß Ihrer König- lichen Hoheit der Frau Markgräfin Amalie Friedrike von Baden, gebohrnen Landgräfin · · · · · · · · · · von Hessen. · · · · · · · · · ·

———◆———

Freitag den 27. Juli wird die öffentliche Ausstellung in dem Trauersaal, im Schlosse in Bruchsal statt finden.

Von 11 Uhr Vormittags bis 1 Uhr, und von 3 bis 6 Uhr Nachmittags, wird dem Publikum der Zutritt gestattet.

Der Eingang ist durch das Portal des Schlosses, und der Ausgang durch den Garten.

Die zur Aufwartung bestimmten Hofkavaliers haben sich um diese Stunden in dem Trauersaal einzufinden.

Um 7 Uhr wird der Sarg geschlossen.

Um $^1/_28$ Uhr versammeln sich sämmtliche zu der feierlichen Beisetzung beordete, so wie jene zu dieser Trauerfeierlichkeit eingeladene Personen und Behörden in dem Trauersaal.

Um 8 Uhr begeben sich Seine Königliche Hoheit der Groß- herzog in Begleitung Seiner Hoheit des Erbgroßherzogs zu Hessen, mit den Prinzen des Großherzoglichen Hauses dahin, wo die Trauerrede von dem Oberhofprediger Martini ge- halten wird.

Nach Endigung derselben wird der Sarg von 8 Hausoffi- zianten der Höchstverblichenen Frau Markgräfin von dem Trauer- gerüste gehoben, und nach dem Leichenwagen in folgender

Ordnung

gebracht:

1. Ein Hoffourier, als Trauermarschall.
2. Der Kammerfourier.

3. Die diensthabenden Kammerjunkers von Berckheim und von Kettner.

4. Der Geheimrath von Wechmar mit dem Kaiserlich Russischen St. Katharinen-Orden.

5. Der Oberhofmeister Graf von Bothmer mit dem Herz.

6. Der als Oberceremonienmeister functionirende Hofmarschall von Dubois.

7. Die fürstliche Leiche,
rechts neben derselben der diensthabende Maitre, Graf von Benzel-Sternau, und links der diensthabende Kammerherr, Oberforstmeister von Ehrenberg.

8. Seine Königliche Hoheit der Großherzog, — Seine Hoheit der Erbgroßherzog von Hessen, und Seine Hoheit der Markgraf Maximilian zu Baden, rechts und links von Allerhöchstdenselben der Großhofmeister von Berckheim, und der Generaladjutant, Generalmajor von Freystett; — sodann der Obrist von Stosch und Kammerherr von Steinberg, als Dienst Seiner Hoheit des Erbgroßherzogs zu Hessen und Kammerherr von St. André und der Adjutant, Rittmeister von Schilling als Dienst seiner Hoheit des Markgrafen Maximilian von Baden. Kammerherr von Schreckenstein, namens ihrer Königlichen Hoheit der verwittweten Frau Großherzogin Stephanie zu Baden.

9. Oberhofprediger Martini, die Leibärzte und die übrigen zur Begleitung benannten Personen.

Sobald der Sarg in den Leichenwagen gebracht ist, setzt sich der

Leichenzug

unter dem Geläute aller Glocken in folgender Ordnung in Bewegung:

1. Ein Stalloffiziant.

2. Zwei Fackelträger.

3. Eine Escadron Kavallerie;
(denen sich zur Escorte meldenden Bürger-Kavallerie-

Corps, wird von dem die Militär-Escorte kommandiren-
den Obristlieutenant und Kommandeur von Gayling ihr
Platz angewiesen werden.)

4. Zwei Fackelträger.

5. Ein Hofwagen mit 6 Pferden, darin:

Die Diensthabenden Geheimerath,
Graf von Benzel-Sternau,
Kammerherr von Ehrenberg,   } 2 Laquais.
Kammerjunker von Berckheim, und
   „   „   von Kettner.

6. Zwei Fackelträger.

7. Ein Hofwagen mit 6 Pferden, darin:

Oberhofmeister Graf von Bothmer
mit dem Herz,
Geh. Rath von Wechmar mit dem   } 2 Laquais.
St. Katharinenorden.   ·

8. Zwei Fackelträger.
   Ein Bereiter als Trauermarschall mit dem Staab, Schiff-
   hut und Mantel.

9. Der Leichenwagen mit 8 Pferden, rechts am Wagen Stall-
   meister Wenz, auf jeder Seite 4 Fackelträger.

10. Der Wagen Seiner Königlichen Hoheit des Großherzogs
    mit 8 Pferden, darin:

Seine Königliche Hoheit der Großherzog.
Seine Hoheit der Erbgroßherzog zu Hessen.   } 2 Kammer-
Seine Hoheit der Markgraf Maximilian zu   laquais.
Baden.

Neben dem Wagen der Flügeladjutant und Reise-Stallmeister,
Major von Seldeneck.

11. Zwei Fackelträger.

12. Ein Hofwagen mit 6 Pferden, darin:

Großhofmeister von Berckheim,
Generalmajor von Freystett,
Kammerherr von Schreckenstein,
Oberst von Stosch, Adjutant Seiner
   Hoheit des Erbgroßherzogs zu
   Hessen. } 2 Laquais.

13. Zwei Fackelträger.

14. Ein Hofwagen mit 6 Pferden, darin:

Hofmarschall von Dubois,
Kammerherr von St. Andrê,
    „   „ von Steinberg,
Rittmeister von Schilling. } 2 Laquais.

15. Zwei Fackelträger.

16. Ein Hofwagen mit 6 Pferden, darin:

Oberhofprediger Martini,
Ein Leibarzt,
Hofdiakonus Wölfel,
Ein Kammerdiener. } 2 Laquais.

17. Zwei Fackelträger.

18. Eine Escadron Kavallerie.

Karlsruhe, den 24. Juli 1832.

    Großherzogliches Oberhofmarschallamt.

        Frhr. v. Gayling.

                        vdt. Ziegler.

II. Teil.

Die Bruchsaler Schloßbauten.

Für das Bruchsaler Schloß beginnt mit dem Tode der Markgräfin ein Dornröschenschlaf, aus dem es zu wahrem Leben kaum mehr erwachen wird.

Sofort nach dem Ableben der Fürstin wird auf Allerhöchsten Befehl Sr. Königl. Hoheit des Großherzogs dem Hausmeister Guerillot von dem großherzoglichen Oberhofmarschallamt aufgegeben, „bis zur gänzlichen Auseinandersetzung der Verlassenschaft Ihrer Königlichen Hoheit der höchstseeligen Frau Markgräfin Amalie Friederike von Baden, das Schloss und die von der verewigten Fürstin bewohnten Appartements nach Abgang der Leiche in sorgfältigen Verschluss zu nehmen, und Niemanden, wer es auch sey, den Zutritt zu gestatten, wenn nicht eine besondere Weisung des großherzoglichen Oberhofmarschallamts vorgezeigt wird." Bezirksbaumeister Lumpp[1] erhält vom großherzoglichen Ministerium der Finanzen den Auftrag, „zu erforschen, welche von den im Jahr 1806 für die Wittumseinrichtung auf Staatskosten angeschafften Gegenstände jetzt noch unter der hohen Verlassenschaft vorhanden sind." Dieser Auftrag wurde indes alsbald wieder zurückgezogen, da nach Erlaß großherzoglichen Ministeriums des großherzoglichen Hauses und der auswärtigen Angelegenheiten vom 20. April 1833 diejenigen Gegenstände, welche erkennbar aus der Wittumseinrichtung herrührten, ausgeschieden und an die Hofbehörden bereits abgeliefert worden sind.

---

[1] Bezirksbaumeister Gottlieb Lumpp amtierte hier von 1832—1838.

In Nr. 23 und 25 des Bruchsaler Wochenblattes vom Jahre 1833 werden wir über das Schicksal der übrigen Gegenstände aufgeklärt; es ist da zu lesen: „Fahrniss-Versteigerung am 27ten Juni 1833 im hiesigen Schloss

> 12 seidene Decken
> 12 Plumeaux-Überzüge
> 44 wollene Teppiche
> 30 persene Couverte
> 38 Matratzen-Überzüge
> Mehrere alte schwarze Tücher
> Etwas altes Zinn
> Altes Schreinwerk u. etwas
> Altes Seidenzeug.
>
>   Großh. Domainen-Verwaltung
>   Engesser."

Eine weitere Annonce lautet:

„Aus dem Nachlasse der Höchstseligen Frau Markgräfin Amalie Friederike, Königlichen Hoheit werden in dem hiesigen Residenzschlosse der öffentlichen Steigerung gegen haare Zahlung ausgesetzt:

1) Montag den 10ten Juni d. J. Vormittags 9 u. Nachmittags 2 Uhr: Schreinerwerk worunter Kanapee mit Sesseln, Toilettes, Arbeits- Blumen- Wasch- und runde Tische, Ofenschirme, Secretaires und Schreibtische, Kaffee- u. Thee-Tische mit Services, Schreibstühle u. Fauteuils, Fussschemel, Psychenspiegel, eine Kirschbaumene Bettlade mit seidenem Vorhang, Kommode, Schränke, spanische Wände u. ein Rouletspiel.

2) Dienstag den 11ten Juni
Pendul- u. Gemälde-Uhren, Fenstervorhänge, Kupferstiche in Rahmen, ein Kron- u. andere Leuchter, Girandols, Alabaster, Lampen, Lichtschirme, Schreibgeschirre u. Papier-Beschwerer.

3) Donnerstag

Porzellan- u. Glaswerk, worunter zwei Tafel-Services in Pariser Porzellan, Kaffee- und Thee-Services.

4) Freitag

Marmorne u. porzellanene Urnen, Vasen u. Pyramiden, vier große Gypsstatuen, eine alabasterne Tafelplatte in 8 Stücken mit 9 Figuren, eine Tafelverzierung mit Gypsplatte u. 11 alabasternen Figuren, alte Landkarten, Kupferstiche u. sonstiges Hausgeräthe.

Bruchsal d. 1. Juni 1833

grossh. Oberamts-Revisorat

Schnaibel."

Weiteren Anzeigen im nämlichen Blatt entnehmen wir, daß man darnach trachtete, die freigewordenen herrschaftlichen Wohnungen im Schloßgebiet durch Vermieten zu verwerten.

Im Jahre 1833 scheinen Verhandlungen über Rückverlegung des erzbischöflichen Sitzes nach Bruchsal gepflogen worden zu sein; es ging hier das Gerücht, daß Domainen-Verwalter Engesser in der Befürchtung, seine Dienstwohnung dadurch zu verlieren, dieser Absicht entgegengetreten sei, „den baufälligen Zustand der hiesigen herrschaftlichen Gebäude vorschiebend." Engesser bezeichnete in einer öffentlichen Erklärung[1] diese Unterstellung als niedere Verleumdung.

Besonders schwierig gestaltete sich die praktische Verwendung des

Corps de Logis [1][2]

dessen Räume, wenigstens diejenigen des Hauptgeschosses, in den Dimensionen und im künstlerischen Schmuck normalen Bedürfnissen Hohn sprechen. In einer Übersicht des Schlosses vom Jahre 1818[3] werden aufgezählt „4 Säle, 5 Küchen, 40 Zimmer für fürstliche Bewohner, 5 Apartements zu 104 Zimmer u.

---

[1] Bruchsaler Wochenblatt 1833, Nr. 9.

[2] Die eingeklammerten Zahlen beziehen sich auf den Lageplan.

[3] Akten des D. A.

Kammern für das Gefolge u. Stallungen für 140 Pferde." Die
Festsäle sind seit dem Tode Amaliens nicht mehr bewohnt worden. Für Bauunterhaltung geschah nur das allernotwendigste. Im
Jahre 1843 werden die Dachkanäle und Ableitröhren in den zwei
kleinen Höfen des Hauptgebäudes repariert und dreimal mit Ölfarbe angestrichen. Im Jahre 1844 wurde die Wiederherstellung
des Deckenverputzes im vierten Stockwerk nötig, nachdem „durch
vieljähriges unbemerktes Eindringen von Regenwasser die Schal-
bretter des Rohrverputzes verfault waren."[1] Im Jahre 1845 wird
„das Ein- und Umdecken sämmtlicher Schieferbedachungen auf
den auf dem Domainen Etat stehenden herrschaftlichen Gebäulichkeiten in Bruchsal zu 2454 fl 56 veranschlagt und zur Ausführung
gebracht." Im selben Jahre wurde die Kuppel über der Durchfahrt
des rechten Schloßflügels, weiche ganz zusammengefault war
und dem gänzlichen Einsturz drohte, abgebrochen und in der
nämlichen Form und Größe wie die alte samt den beiden Plafonds in den darunter befindlichen fürstlichen Zimmern mit einem
Aufwand von 936 fl 58 solid und meistermäßig hergestellt.

Das Revolutionsjahr 1849 belebte zum erstenmal wieder das
Corps de logis und zwar im Charakter der Zeit mit Kriegsvolk.
Auf Anordnung des Kriegsministeriums ohne Wissen der Hof-
domänen-Kammer[2], jedoch mit Genehmigung des großherzoglichen Hofmarschallamtes[3] wurde wegen Mangel an sonstigen
Gebäulichkeiten im Erdgeschoß eine Militärkaserne eingerichtet,
die sich alsbald in ein Lazarett umwandelte. Im Bruchsaler
Wochenblatt vom 17. Mai 1849 lesen wir: „Heute Abend 9 Uhr
ist ein wohlbewaffnetes Frei-Corps von ungefähr 800 Mann mit

---

[1] Bericht der Bezirks-Bauinspektion vom 26. September. Wo keine
Quelle angegeben ist, bilden die Akten der Bezirksbauinspektion die Grundlage.

[2] Erl. derselben an das Domänenamt Bruchsal vom 20. September 1849.

[3] Vom 21. Mai 1848, Nr. 197.

einem Extrazuge aus dem Oberlande hier eingetroffen und einquartiert worden." Am 25. Juni heißt es: „Nachdem gestern eine
bedeutende Anzahl Preußen aller Waffengattungen hier eingerückt
und einquartiert worden sind, hat heute den ganzen Vormittag
eine weit größere Truppenmasse unsere Stadt passiert." Am
29. August lesen wir: „Heute früh 6 Uhr haben uns die seit
mehreren Wochen hier einquartierten 3 Kompagnien des Königlich preußischen 12. Landwehrregiments begleitet von sämmtlichen
großherzoglich badischen Offizieren des hiesigen Reiter-Depots
verlassen und ihren Marsch gegen Rastatt genommen. Sie werden durch einige Kompagnien des Königlich preußischen Linien-
infanterie-Regiments ersetzt."

Aus dem Voranschlag von 1852 über die Herstellungen, die
den vorherigen Zustand der Räume schaffen sollten, kann entnommen werden, welche Räume damals belegt und wie sie be-
schaffen waren. In dem Saal gegen den Schloßhof, links vom
Eingang, werden 4 Vertiefungen für Spiegel, 4 Felder oberhalb
derselben, 6 große Portraits und 4 kleine Portraits erwähnt. Die
3,7 Fuß hohe hölzerne Lambris soll mit Käsfarbe, das Holz der
Fenster mit Ölfarbe, die Decke unter Beobachtung der vorhandenen Zeichnung und Farbe mit Kalkfarbe gestrichen werden.
Die nach Süden gelegene Küche soll ockerfarbig getüncht, der
Steinboden ausgebessert und mit Sand abgerieben werden. Die
Decke dieses und des folgenden Raumes sind gewölbt. In den
daran anstoßenden 7 Zimmern war die Papierbekleidung der
Wände loszureißen. Nach geschehener Neutapezierung mit ge-
leimtem Papier sollen die Wände neu getüncht werden mit Farb-
zusatz wie der vorhandene. Da jedoch voraussichtlich in nächster
Zeit die fraglichen Räume doch nicht benützt würden, und im Ver-
lauf der Zeit bis die Räume etwa benützt würden der Anstrich
abstehen und die Tapeten bei dem Mangel des Zutritts frischer
Luft vermodern würden, sollen die Herstellungen auf das be-

schränkt werden, was vom großherzoglichen Kriegsministerium
genehmigt worden ist.[1] Am 26. Februar 1853 übergibt die
Bezirks-Bauinspektion die Kostenzettel über Herstellung der Räume
der großherzoglichen Garnisonkommandantschaft dahier. Alle im
Voranschlag enthaltenen Herstellungen seien ausgeführt mit Aus-
nahme der Befestigung der Spiegel und Gemälde im vorderen
Schloßsaal, was nicht besorgt werden konnte, da die Frau Schloßverwalterin Guerillot die Gegenstände nicht abgegeben habe, ob-
wohl man die Handwerker mehrmals zu ihr schickte. Am
30. Dezember 1853 bittet Hofglasermeister Herrling von Bruchsal,
der anläßlich der Einrichtung des Militärspitals in den verschiedenen Sälen, u. a. auch im sogenannten Kavallier-Speise-Saal[2]
die Ölgemälde und Spiegel aus den Füllungen herausgenommen

---

[1] Erl. der großherzoglichen Hof-Domänen-Kammer vom 13. Februar 1852.

[2] Im Erdgeschoß des Corps de Logis links vom Eingang waren ursprünglich 3 Räume, ein zweifenstriger „das Marchal-Ambts-Zimmer" und
zwei einfenstrige „des Haushofmeisters Comptoir" und das Zimmer, „wo
der Cantzlist Joachim wohnte". Aus diesen 3 Zimmern wurde ein Saal
gemacht. In der von Hauptmann Schwartz gefertigten Zeichnung steht in
diesem Saal die Bezeichnung „das neue einzurichtende Cavalierspeise-
zimmer". Das Blatt trägt den Vermerk „praesentatum et approbatum den
10. April 1782." Die Nebentreppe zeigt auf dieser Zeichnung noch die ursprüngliche Gestalt. Die heute noch erhaltene Dekoration des Saales
stimmt mit der Zeichnung nicht überein. Statt des projektierten Gewölbes
ist eine flache stuckierte Decke getreten. Da der Stil der Stuckaturen mit
dem Jahre 1782 wohl übereinstimmt, so darf eine Veränderung während
der Ausführung anzunehmen sein. Zur Herstellung des projektierten Gewölbes war die Beseitigung der Gewölbe in den beiden einfenstrigen Zimmern notwendig, das Gewölbe über dem einen Raum sollte als Bestandteil
des neuen Gewölbes stehen bleiben. Als aber die beiden anderen Gewölbe herausgeschlagen waren, entschloß man sich offenbar, auch das eine
noch folgen zu lassen, um die gerade Decke zu gewinnen. Einen herrlichen Nischenwandbrunnen in diesem Saal mit naturalistischen Stuckver-
zierungen hat der Verfasser erst kürzlich hinter einer Bretterverschalung
vorgefunden.

und nachher wieder in die Wandnischen eingepaßt, gereinigt und befestigt hatte, um Bezahlung seiner Rechnung.

In dem zweifenstrigen, nach Süden gelegenen Zimmer wird ein „Porzelainofen", in den übrigen je ein eiserner erwähnt. Daß auch eine Badestube vorhanden war, möge zum Ruhm der damaligen Militärkrankenpflege besonders hervorgehoben werden. Das Stirumspital besaß im Jahre 1803 noch nicht einmal einen Badezuber! [1]

1855, den 25. Oktober, erhält Baurat Berkmüller von der Domänen-Kammer die Ermächtigung, aus dem großherzoglichen Schlosse zu Bruchsal einige verzierte Türen, Supporte und Nacht-läden als Modelle für Arbeiten im Karlsruher großherzoglichen Residenzschloß zu entnehmen unter Zuzug der Bezirks-Bau-inspektion Bruchsal, welcher die Fürsorge für die Schloßbaulich-keiten anvertraut ist. Er erhielt „vier paar zweiflüglige Türen, ein Paar Nachtläden und zwei Supporte", deren Wiederempfang am 27. November 1858 von Breisacher [2] quittiert wird.

1859, am 16. April, berichtete Breisacher über „die Dächer auf den Freigallerien in den kleinen Höfchen". Die Verschalung sei durch eindringendes Schneewasser verfault und durch Alter zerstört. Eine durchgreifende Ausbesserung derselben sei bei der eigentümlichen Bauart nicht möglich, da das Dach aus einer

---

[1] Gutachten des Val. Hirsch, Med. Dr. kurfürstlicher Hofrat. G. L. A. K. 877.

[2] Breisacher ist von 1847 bis zu seinem im Jahre 1871 erfolgten Tode hier tätig zuerst als Baupraktikant, dann als Dienstverweser und endlich als Bezirks-Bauinspektor. Unter Breisacher waren als Gehilfen der In-spektion beigegeben: 1850 Baupraktikant Kalliwoda, 1850/51 Baupraktikant Arnold, 1852 Baupraktikant Helbling, 1853—56 Architekt C. Müller, 1856—60 Baupraktikant Beyer, 1860-63 Baupraktikant Braun, 1863—65 Baupraktikant Perpenté, 1865—68 Baupraktikant Schäfer, 1868 Architekt Aug. Rupp und Bauschüler Graf, 1870 L. Schmitt, Ludwig Clausing und Baupraktikant Hendrich.

Reihe halbkreisförmiger Dächelchen bestehe, die durch Kehlen von einander geschieden sind. Es wird in Erwägung gezogen, ob man diese Dächer nicht durch Glasdächer ersetzen solle. Oberbaurat Fischer verwirft diesen Vorschlag, da Glasdächer zu teuer würden. Man solle oberhalb der Bögen ein einfaches Pultdach aufsetzen und dieses mit Schiefern und in den einspringenden Winkeln mit Blech decken. Über beide Lösungen sind die Pläne auf uns gekommen, derjenige mit dem Blechdach von Breisacher im September 1860 unterzeichnet. Diese letztere Konstruktion wurde gewählt und auch bei der Renovation des Corps de Logis von Ober-Bauinspektor Lang[1] im Jahr 1903 beibehalten. Die ursprüngliche Form von aneinander gereihten Halbkreistonnen ist im innern heute noch zu sehen.

Diese Gallerien waren ursprünglich nicht vorhanden. Die mangelhafte Kommunikation im Hauptgeschoß muß so unangenehm empfunden worden sein, daß man sogar daran dachte, von dem Fürstensaal ein Stück zwischen diesem und dem Haupttreppenhaus als Gang abzuschneiden. Die bezügliche Zeichnung ist erhalten und trägt die Aufschrift „1ter, 2ter, 3ter Haupt-Stock von dem Corps-Logis zu Bruchsall, wie es nach dess Herrn Domanns Concept solle eingerichtet werden." Die Zeichnung läßt sich ungefähr datieren. Der Balkon vor dem Fürstensaal zeigt bereits die Ausdehnung, die er erst 1753 durch Stahl[2] erhalten hat, da aber die Umrißlinie des

---

[1] Lang war von 1897—1904 Vorstand der Bezirks-Bauinspektion Bruchsal.

[2] Leonhard Stahl ist von 1748 — in seinem „Pro Memoria" vom 26. Oktober 1770 schreibt er „inbetreff meiner 22 Jahre lang mühsamst geleisteten Diensten" — bis zu seinem im Jahre 1774 erfolgten Tod hier tätig. Am 10. November 1770 schreibt er, daß er „gleichwie sein Vatter seel. alles was bereits im ganzen Hochstift gebauet steht und unter glorreichsten Regierungen deren Herren Cardinälen von Schönborn und Hutten so vielfältig gebauet worden, allein angegeben, dirigirt und auch glücklich

Balkons nicht der Ausführung entspricht, sondern einer der
Stahlschen Variationen gleichkommt, so dürfte das Blatt mit

bis anhero, ausgeführt habe." (G. L. A. K. Fürstentum Bruchsal, Bausachen
1770—73). Von Stahls außerordentlich umfangreicher Tätigkeit legen eine
große Anzahl auf uns gekommener schöner Zeichnungen Zeugnis ab. Wir
besitzen von ihm 3 Variationen des großen Portals am Corps de Logis
von 1753, die Pläne zur Tabakfabrik [24] 1753, einen Situationsplan von
der Gegend der neuen Kaserne 1761 (auf diesem Plan ist ein größeres
Anwesen im Gebiet des jetzigen Landesgefängnisses bezeichnet das „Stahl-
ische Haus und Garthen", ein weiteres „Stahlisches Haus am Thor" ist mit
dem sogenannten oberen Thor im Jahre 1860 abgebrannt und durch das
jetzige Haus Kaiserstraße Nr. 107 ersetzt worden), ein Projekt zu einem
Treibhaus [39a] im Schloßgarten 1772, die Einrichtung der Pagerie im Seminar, „Grundriß und Profil von dem großen Reservat" [48], auf dem
Steinberg, mehrere Ansichten dieses Gebäudes, Verlängerung des Zucht-
hausflügels (ehemalige Kaserne s. dort), ein Umbauplan der Orangerie [11],
die Einrichtung einer Schlosserei im Bandhof [22], das Projekt zu einem
Stallungsgebäude für 18 Pferde in Kislau. Aus seinem „Extractus Deren
von Hochfürstlicher Cammer aufgetragenen Commissionen" (G. L. A. K.
Fürstentum Bruchsal, Bausachen) erfahren wir, daß er am 16. November 1770 „riß und Model für das Epitaphium pro Eminentissimo Cardinali
de Hutten in Arbeit" hatte. Im Jahre 1771 bestand das bischöfliche Bauamt aus dem Baudirektor v. Euler, Kammerrat und Baumeister
Stahl, Kammerrat Engelhardt, Hauptmann, Drechsler, Ökonomierat
Schwartz und Bauschreiber Haßlocher (G. L. A. K.).

Das Totenbuch 1759—84 pag. 75 der Hofpfarrei erzählt: „Anno Domini milesimo septingentesimo septuagesimo quarto die quarta septembris
ex hac Parochia aulica hic in Domino obiit Praenobilis expertissimus hono-
ratissimusque Vir ac Dominus Leonhardus Stahl Camerae aulicae Consiliarius ac architectus aulicus sanctissimis sacramentis Poenitentiae, Eucha-
ristiae extremaeque unctionis rite praemunitus vir quadraginta et quatuor
annorum (er ist also 1730 geboren und trat schon mit 18 Jahren seinen
Dienst an) qui die sexta a me infra scripto in coemeterio ad S. Petrum
sepultus est." Leonhard Stahl war verehelicht mit Maria Margaretha Brandner aus Deidesheim. Laut den mir von Herrn Pfarrer Wetterer freundlichst
zur Verfügung gestellten Kirchenbüchern der Hofpfarrei sind folgende Kinder dieser Ehe entsprossen: Joannes Nepomucemus Adamus, geboren den
7. Mai 1755, gestorben den 9. Aug. 1756; Joannes Georgius Adamus, geboren den 16. April 1756, gestorben den 14. Juni 1756; Anna Elisabetha,

der Stahlschen Balkonzeichnung zeitlich zusammenfallen.   Die
beiden Nebentreppen rechts und links vom Haupttreppenhaus

geboren den 10. September 1757; Joannes Adamus, geboren den 18. Oktober 1758.

Wenn man sich nun vergegenwärtigt, daß in der Hauptsache die
Innendekorationen des Corps de Logis und des Kammerflügels erst während der Regierungszeit Huttens, und bei der hochgeachteten Stellung
seines Hofbaumeisters Leonhard Stahl, ohne Zweifel unter dessen Leitung
zur Ausführung kamen, dann wird man diesem Architekten einen bedeu-
tenden Platz in der deutschen Kunstgeschichte einräumen dürfen. Von
Leonhard Stahl zu unterscheiden ist sein Vater Johann Georg Stahl,
der sich zwar vom Zimmerpolier zum Hofbaumeister empor zu arbeiten
wußte, der aber doch erst in seinem Sohn die wahre Kunstblüte zu zeitigen
vermochte. Drei alte verwitterte, an die Mauer gelehnte Steine auf dem
Kirchhof zu St. Peter geben über die ältere Stahlsche Familie einigen
Aufschluß: „Dis sagt der Herr, gebet Hinauf auf den Berg und bauet das
Haus Gottes, das wird mir angenehm Seyn. SPR IV 7.

Ich aber hab ein Haus, die hier stehende Pfarrkirch nemblich gehauen,
daß er daselbst wohnen soll Ewiglich. 2 PARALIP. 6. V. 7.

Hier vor diesem stein ruhet der Hoch Edel gebohrene Herr Joannes
Georg Stahl Hochfürstlicher Speyerischer Baumeister, welcher, nachdem er
35 Jahr die Diensten versehen starb den 30. Jully 1755 im [Zahl zerstört]
Jahre seines Alters. R. I. P.

Ihrer geliebten Mutter, der Wohl Edlen Weyland des Hoch Edel gebohrnen herren J. G. Stahl, Hochfürstl. Speyerischen Hofbaumeisters ge-
wessene Hausfrau, gebohren 1700, seelig entschlafen den 7ten Jan. 1774. Du
wirst O Gott die Wittib aufnehmen. Psal. 145. R. I. P.

Wanderer, der Mensch gebet auf wie eine Blum, lehet eine kurze Zeit,
wird zertreten und fliehet dahin wie ein Schatten. 30. P. XIV. Stehe
still auf der Aschen weyland der Hoch Edel gebohrenen und tugendsamen
Jungfrau Elisabetha des Hoch Edel gehohren Herrn J. G. Stahl Hochfürstl. Speyerischen Baumeisters ehliche Tochter: sie ginge auf den .
21ten November 1740 und verginge im Brautstand den 12ten Mertz 1759. Ich
habe meinen Bräutigam gesucht den meine Seele lieb hat und ich fand
ihn und will ihn nicht hinweg lassen. cant III R. I. P.

zeigen noch ihre ursprüngliche und heute noch an Ort und Stelle nachzuweisende Form, die jetzigen Nebentreppen sind also nach 1753 zu datieren. Statt des Ganges, der nicht nur den Fürstensaal stark beinträchtigt, sondern auch insbesondere die herrliche Zusammenwirkung von Haupttreppenhaus, Fürstensaal und Marmorsaal in der Hauptaxe der gesamten Schloßanlage zerstört hätte, ist glücklicherweise dann die ungleich bessere Lösung der Galerien — wie anzunehmen ist — von Leonhard Stahl gefunden worden.

Im Jahre 1861 besteht das Garnisonshospital aus zwei getrennten Lokalitäten, dem Schloßhospital, beziehungsweise dem der Militärverwaltung durch die Gnade Seiner Königlichen Hoheit des Großherzogs eingeräumten Gelasse im unteren Stock des westlichen Schlosses und dem Spitalgebäude im westlichen Bauhofe.[1] Das Schloßhospital enthielt nur sieben zum Teil kleine Zimmer, von denen eines als Badelokal für die Kranken eingerichtet werden soll. Dafür sollte der ehemalige Konzertsaal, der schon im Jahre 1849 als Krankenzimmer verwendet war und der für 20 Betten Platz biete, hinzukommen. Die Bezirks-Bauinspektion spricht sich gegen diesen Vorschlag aus, „da die Fenster dieses Saales gegen den Schloßhof gehen und alle Kirchenbesucher die schreckhaften Gestalten wahrnehmen müßten". 1862 wird „die neu hergerichtete Wohnung im nordöstlichen Zwischenstock, bestehend in 8 Zimmer und Küche nebst Kellerabteilung, ferner die Torwachtstube zum Aufbewahren von Holz" gegen einen jährlichen Mietzins von 275 fl an den zum Hofgericht hierher berufenen Ministerialrat Keller vermietet.[2] Der Eingang zur Woh-

---

[1] Der herrschaftliche Bauhof, dem neuen Bahnhof gegenüber, der bis vor kurzem die Pferde des hiesigen Dragonerregiments aufnahm, ist in den Besitz der Stadt übergegangen und wird nunmehr als neues Baugelände veräußert.

[2] Mietvertrag vom 13. Mai 1862, D. A.

nung war in der nördlichen Durchfahrt, Küche und 3 Zimmer
lagen im Verbindungsbau, 4 Zimmer im Hauptbau nach dem
Schloßhof, 1 Zimmer gegen den Hofgarten. Von dem Gang aus
ging eine verschließbare Tür nach dem Hauptgang im Hofgerichts-
gebäude (Kammerflügel). Aus dem Übergabsprotokoll vom
18. Juli 1862[1] geht hervor, daß 3 Zimmer mit Seidenzeug tape-
ziert waren, welches „auf Rähmen aufgespannt" war. 1 Zimmer
hatte Leinwandbespannung, die mit Ölfarbe gestrichen war und
später einen Käsefarbüberzug erhielt. Sämtliches Holzwerk war
mit Käsefarbe gestrichen. In einem Schreiben Kellers vom
23. Juli 1862 wird eine „chinesische Tapete" erwähnt. Am
24. Juni 1862 kündigt Keller. Ein Antrag der Museumsgesellschaft,
die leer werdende Kellersche Wohnung ihr zu überlassen, wird
abgelehnt. Dieselbe wird dem Major von Schäffer gegen einen
jährlichen Mietzins von 340 fl überlassen, der nachträglich noch
für ein weiteres Zimmer 20 fl mehr bezahlt. 1866 kündigt Major
von Schäffer infolge seiner Ernennung zum Kommandanten des
Leibdragonerregiments in Mannheim. Nunmehr erhält Oberamtsrichter Dr. Schütt diese Wohnung für 320 fl. Mit Ermächtigung
Seiner Königlichen Hoheit des Großherzogs wird der der Spital-
küche zunächst liegende sogenannte Konzertsaal der großherzoglichen Kriegsverwaltung für Unterbringung von Kranken überlassen.

1867, den 16. Oktober, quittiert Hochstetter der Bezirks-
Bauinspektion Bruchsal den Empfang von 51 Blättern der Pläne
über das großherzogliche Schloß und dessen Nebengebäude.
1868 wird die von Oberamtsrichter Dr. Schütt bisher innegehabte
Wohnung und andere Räume der großherzoglichen Militärbehörde zur Unterbringung einer Infanterieabteilung für 480 fl überlassen. Bei Festsetzung des Mietzinses ging die großherzogliche
Domänendirektion von der Unterstellung aus, daß die Militär-

[1] D. A.

behörde alle und jede Unterhaltung in den an sie vermieteten Räumlichkeiten zu übernehmen habe. Gleichzeitig gab die großherzogliche Domänendirektion ihr Einverständnis dazu, daß die Parkettböden im ehemaligen Badquartier herausgenommen und durch neue gewöhnliche Fußböden auf Kosten des großherzoglichen Hofetats • ersetzt werden. Oberamtsrichter Dr. Schütt erhält nun eine Wohnung auf der entgegengesetzten Seite desselben Stockwerks. Für diese neue, aus 9 Gemächern bestehende Wohnung soll er 264 fl bezahlen, erhebt aber dagegen Einspruch, da durch die Verwendung des Konzertsaals[1] (auch Theatersaal genannt) als Spitalraum er das Spital nun auch vorne gegen den Schloßhof unmittelbar unter seinen Fenstern habe. Ferner wird auf den durch früheren starken Gebrauch und den späteren dreißigjährigen Nichtgebrauch herrührenden mangelhaften Zustand hingewiesen. Die Miete wird dann auf 200 fl festgesetzt.

Im Jahre 1869 ist der ganze untere Stock sowie die nördliche Hälfte des Zwischenstocks und 4 Räumlichkeiten über der nördlichen Durchfahrt in dem Hauptstock der großherzoglichen Militärverwaltung vermietet. Um diese Zeit wurde auch im dritten Stock eine Speiseanstalt für die Offiziere der hiesigen Garnison auf Kosten der großherzoglichen Kriegsverwaltung eingerichtet, die sich noch hier befindet.

Im Jahr 1869 drohte dem Corps de Logis eine besondere Gefahr. Das großherzogliche Ministerium des Innern hegte nämlich die Absicht, das Seminar von Ettlingen, dessen Gebäude sich in schlechtem baulichen Zustand befand und zu beschränkt war, hierher zu verlegen. Der Hauptbau des Schlosses sei ohnedies zum größten Teil unbenutzt und eigne sich zur Benützung für die Zwecke des Seminars sehr gut. Der Verwaltungshof, der alsdann in Ausführung eines lang gehegten Wunsches nach Karls-

---

[1] Vergleiche Fußnote 2 auf Seite 18.

ruhe verlegt werden könne, müßte seine Räume im Kammerflügel an die Militärbehörde abtreten, um die Räumung des Corps
de Logis zu ermöglichen. Se. Königliche Hoheit der Großherzog hatte vorläufige gnädigste Bewilligung bereits erteilt. Die Bezirks-Bauinspektion schätzte mit Bericht vom 9. Oktober 1869
den Mietwert des Hauptgebäudes, welches einschließlich der
beiden Torbauten zusammen 105 größere und kleinere Räume
enthalte, mit Rücksicht darauf, daß der Mieter die Bauunterhaltung
übernehme, auf 2500 fl. Für den Fall der von großherzoglichem
Ministerium des Innern vorgezogenen käuflichen Erwerbung
wurde der Bauwert auf 60000 fl geschätzt. Nachdem auch der
Landtag dieser Idee näher getreten war, beauftragte der großherzogliche Oberschulrat am 6. Oktober 1870 die Bezirks-Bauinspektion, ein Projekt mit Kostenüberschlag aufzustellen. Die Anstalt
war für 120 Zöglinge berechnet, welche in derselben wohnen,
essen und studieren sollen. Es sei notwendig, daß der Direktor,
die Unterlehrer, der Diener und ein Seminaroberlehrer Wohnung
in der Anstalt erhalten. Mit der Anstalt sei eine Normalschule
mit etwa 200 Knaben zu verbinden. Am 15. Mai 1871 wird das
auf 25000 fl berechnete Projekt vorgelegt. Die Pläne sind erhalten, sie zeigen mit erschreckender Deutlichkeit die völlige Miß-
achtung der herrlichen Kunstblüte des 18. Jahrhunderts. Es sei
nur beispielsweise erwähnt, daß Garten-, Fürsten- und Marmorsaal durch eingezogene Wände völlig zerstört werden sollten. In
die Hauskapelle und das Watteaukabinett sind Aborte eingezeichnet!

Das Projekt kam glücklicherweise nicht zur Ausführung,
vielmehr werden Zeichen höherer Wertschätzung bemerkbar.

1872 bittet der Maler Johann Herterich von München um
die Erlaubnis, ein Zimmer des Schlosses kopieren zu dürfen, da
er gegenwärtig mit einem Bild beschäftigt sei, zu dem er archi-

tektonische Studien bedürfe, wie sie ihm das Schloß Bruchsal
bieten.

1873 erhebt ein Anonymus Beschwerde darüber, daß der
hiesigen Feuerwehr gestattet worden sei, eine Probe am hiesigen
Schloß abzuhalten. Die Bezirks-Bauinspektion entschuldigte sich
damit, daß sie ausdrücklich bedungen habe, daß das Dach des
mittleren Teiles, in welchem sich die mit Deckenmalereien ge-
schmückten beiden Säle und das Treppenhaus befinden, nicht be-
stiegen und nicht mit Wasser bespritzt werden dürfen. Auch
habe man der Feuerwehr in wohlmeinender Absicht willfahren, um
die Mannschaft für einen im Schloß vorkommenden Brandfall ein-
zuüben.

1873 im Spätjahr wird das Lazarett in den Kammerflügel
verlegt.

1874 wird das Filialrechnungsarchiv von Durlach nach
Bruchsal verlegt und aus den zu genanntem Zweck in Anspruch
genommenen Räumen des Schlosses verschiedene Einrichtungs-
gegenstände, darunter insbesondere Gobelins und Seidentapeten,
entfernt und der Schloßaufseherin übergeben. Das Archiv wurde
in den bisherigen Räumen des Lazaretts im Erdgeschoß des Corps de
Logis und in den zwei Stockwerken des westlichen Kammerflügels untergebracht. Das dritte Stockwerk des Corps de Logis
wird zu diesem Zweck nicht in Anspruch genommen, weil die
Bezirks-Bauinspektion, trotzdem das Schloß augenscheinlich mit
vieler Sorgfalt erbaut worden sei, im Interesse der Schonung der
prachtvollen Stukkaturen und Malereien es für ratsam bezeichnet,
längs der Wände, die auf dem Hohlen ruhen, Kästen nicht aufzustellen. Das Filialrechnungsarchiv verblieb bis 1905 hier.

In einem Grundriß der Bezirks-Bauinspektion vom
26. Juli 1875 trägt der Gartensaal und die nach Norden sich anschließenden Räume des Erdgeschosses und dieselben Zimmer des
Zwischenstockes die Bezeichnung „Mannschaftzimmer", das nord-

westliche Eckzimmer des Zwischenstockes „Geschäftszimmer des Bezirks-Kommandos."

1880 am 1. November gelangt eine Eingabe des Hofjuweliers des Landgrafen von Hessen Philipp Fischer in Würzburg, „den Ankauf des großherzoglichen Schlosses in Bruchsal betreffend", an die Generalintendanz der großherzoglichen Zivilliste. Am 4. Januar 1881 traf Fischer hier ein und bezeichnete den Vorständen der Bezirks-Bauinspektion und des Domänenamtes folgende für den Kauf in Aussicht genommene Teile des Schlosses: Mittelbau, Kammerflügel, Nebendienstdienerbau, Mundkochswohnung, Waschgebäude, Weißzeugbeschließerei, Remise und Sattelkammer, dann den ganzen durch eine Mauer eingeschlossenen Schloßgarten, Park, Gärten und Ackerfeld mit Hofgärtnerswohnung und dem ganzen Pachtgut, Hofjägerswohnung, Kammerdienerwohnung, Hofkaplanswohnung und die Speyrer Dragonerkaserne. Die Gesamtmiete aus diesen Gebäuden betrug damals 10027,49 Mark. Da der Kaufliebhaber auch alleiniger Besitzer des Schloßhofes werden wollte, wurde die Verlegung des Kircheneingangs auf die Westseite in Erwägung gezogen. Aus demselben Grund sollten auch Schloßwachthaus, Hofkontrollamts- und Hofzahlamtsgebäude und die Stallungen miterworben werden. Der Einzel- und Gesamtwert wurde nach kubischem Inhalt ermittelt. In der hierüber aufgestellten Tabelle schwankt der Einheitspreis pro cbm umbauten Raumes von Mark 6,20 (Holzremisen, Scheuern u. ä.) bis Mark 25,90. Für die Mundkochswohnung ist Mark 14,70, für den Kammerflügel 17,00 Mark eingesetzt. Für Abnützung ist abgerechnet von 5% (Mittelbau, Kammerflügel) bis 60% bei Ökonomiegebäuden, bei den Verbindungsbauten 10%. Als Gesamtwert ist ausgerechnet Mark 1487631,22. In dem Einheitspreis von Mark 25,90 beim Corps de Logis sind eingerechnet „die Stukkaturarbeiten mit ihrer reichen Vergoldung, die Wandbekleidungen in stucco lucido, das reich gegliederte kostbare

Holzgetäfel, Damast-, Moiree- und Satintapeten, Säulen, Pilaster und
Cheminées in Marmorverkleidung, die Bodenbelege in Marmor,
die Parketts, Wandspiegel u. drgl. m." Ein besonderer Zuschlag
von 180 000 Mark „für den Kunstwert — soweit ideale Schöpfungen
einer materiellen Schätzung fähig sind" — bezieht sich in der
Hauptsache auf die Deckengemälde von Johannes Zick. Es ist
nicht uninteressant, die Anschauungen des damaligen Bauinspektors Knoderer kennen zu lernen. Das Resultat seiner Schätzung
sei das Produkt individueller Anschauung und Wertschätzung.
„Aber diese Anschauung" — so schreibt Knoderer — „ist getragen
von dem warm empfindenden Gefühl für das großartig Schöne,
das ein leider wenig gekannter Sohn unseres Vaterlandes nach-
kommenden Geschlechtern zu deren Bewunderung und Erhebung
hinterlassen. Und in der Tat darf es uns mit Stolz erfüllen, den
längst hingegangenen Künstler, Maler Zick, den unseren nennen
zu dürfen, dessen Genie sich verewigt hat im Schaffen und Dar-
stellen großartiger Ideen, gleich groß in der Erfindung und Ge-
staltung des idealen Stoffes, wie in der Korrektheit der Zeichnung
und in dem herrlichen, fein empfundenen Kolorit. Gleich be-
wundernswert ist die Sicherheit und vollkommene Beherrschung
der Linealperspektive wie auch der Vollendung und Wiedergabe
der Luftperspektive, abgetönt bis in die feinsten Nüancen. Bei
etwaigem Verkauf des Schlosses möge diesen Werken seitens
der maßgebenden Behörde der weitgehendste Schutz in dem be-
treffenden Verkaufsinstrument zuteil werden. Auch möge man
die Bilder behüten vor etwaiger Ablösung und Transferierung, wie
auch vor mißverstandener Restauration. Der Wert der erwähnten
Kunstschätze finde in immer weiteren Kreisen Würdigung und Bruchsal verdanke wohl nur dem Vorhandensein dieser einen großen Teil
seines Fremdenbesuches." Knoderer darf stolz darauf sein, die Schönheit des Bruchsaler Schlosses so warm empfunden zu haben in
einer Zeit, in der Größere als er mit Blindheit geschlagen waren.

Im Juni 1882 wird dem Agenten des Vicomte de Montmort Hofjuwelier Philipp Fischer in Würzburg, mit Bezug auf seine an die Generalintendanz der großherzoglichen Zivilliste gerichtete Eingabe vom 1. November 1880 eröffnet, daß man nicht geneigt sei, sich in weitere Verhandlungen über den Verkauf des Schlosses zu Bruchsal einzulassen.

1885, den 23. August, nachmittags 3 Uhr, wird dem Aeronaut Karl Securius der Schloßhof zur Ausführung einer Luftballonauffahrt überlassen.

1888, am 10. Oktober, hat in der Wohnung des Oberamtsrichters Schütt ein Brand stattgefunden, der einen Schaden von 1111,70 Mark verursacht hat.   Am 16. November desselben Jahres bricht ein Zimmerbrand in der Offiziersspeiseanstalt dadurch aus, daß die Einmündung eines Ofenrohrs höher gelegt wurde, und dabei das Ofenrohr nicht in das Kamin, sondern in einen Hohlraum zwischen Zimmerwand und Kaminwange eingeführt wurde.

1889, den 30. April, gibt das großherzogliche Finanzministerium seine Zustimmung zur Überlassung der Seidentapeten in der vormals Dr. Schüttschen Wohnung an das großherzogliche Oberhofmarschallamt zu anderweiter Verwendung.

1890, am 1. Mai, wird diese Wohnung dem Frauenverein zur Einrichtung einer Frauenarbeitsschule eingeräumt.

In demselben Jahr werden in der Vorhalle unter der Tünche Malereien entdeckt mit der Künstlerinschrift: COMINCIATO A DIPINGERE A FRESCO IL MARCHINI 1731.

Im Jahre 1904 beseitigte der Verfasser die Übertünchung des Gartensaales. Wille[1] schreibt im Jahre 1896: „was hier unter der dicken, gelben Tünche verborgen ruht, wird wohl schwerlich wieder zu entdecken sein".

----

[1] Bruchsal, Bilder aus einem geistlichen Staat im 18. Jahrhundert. Badische Neujahrsblätter.

Es kam eine reiche architektonische Bemalung zum Vorschein mit in Nischen gemalten antiken Figuren (Bacchus, Venus, Herkules) und landschaftlichen Ausblicken mit Ruinen. Der Deckenspiegel zeigt eine größere figürliche Komposition, die Götter des Olymps auf Wolken thronend. Einen wesentlichen Schmuck bilden weiter eine große Anzahl Wappen, außer dem Schönbornschen Löwen, die Wappen aller derjenigen mit der Schönbornschen Familie in Beziehung stehenden Geschlechter, deren Wappenbilder, zu einem Wappen vereint, in Stein gehauen den Giebelschmuck über dem Eingang zum bischöflichen Bauhof[1] bildeten. Die Beschreibung des Bauhofwappens von Pfarrer Stocker[2] basiert auf Mitteilungen des Grafen von Schönborn-Wiesenthal.

Die Malereien des Gartensaales verraten dieselbe Hand, wie diejenigen der Vorhalle.

Viele Fürstlichkeiten und eine große Anzahl glänzender Vertreter von Wissenschaft und Kunst haben im Lauf der Jahre das Corps de Logis besucht und bewundert und ihre Namen in das von 1871—1893 geführte Fremdenbuch der Schloßverwalterin eingeschrieben. Scheffel war im Jahre 1872, Treitschke im Jahre 1873 hier. Aus der Erinnerung weiß Fräulein Guerillot über einen Besuch Friedrich Wilhelms III. von Preußen zu erzählen. Der König sagte nach seinem Rundgang: „da ist mein Babelsberg nichts dagegen!" König Ludwig I. von Bayern stand eines Tages unangemeldet an der Haustür des Guerillotschen Hauses und stellte sich der mit Reinemachen beschäftigten Mutter von Fräulein Guerillot mit den Worten vor: „Ich bin der König Ludwig von Bayern". Er führte dann die bestürzte Frau am Arm ins Corps de Logis

---

[1] Eine Photographie des Tores besitzt die Stadt, der Stein selbst ist jetzt am Spielplatz der Knabenschule in eine Mauer eingebaut.

[2] Die Wappen an den öffentlichen Gebäuden der Stadt Bruchsal von Pfarrer a. D. Stocker, Druck von F. Biedermann & Cie., Bruchsal.

und sagte nach der Besichtigung in seinem Dialekt: „Dös is e Rococo, wo mr de Hut devor abziegen muß!"

Der Kammerflügel [2].

Die aufgemalte Jahreszahl 1726 am Architrav der Balkontür war vor der Renovation noch deutlich erkennbar. Mit Erlaß großherzoglichen Finanzministeriums vom 27. Mai 1834 wird der sogenannte Kammerflügel des Schlosses dem Stadtkommandanten, Großherzoglichen Obersten Freiherrn von Gayling, gegen eine jährliche Miete von 400 fl überlassen. Die große Hofküche nebst Zubehör und die ehemalige Gesindeküche, also die Erdgeschoß-räume der westlichen Hälfte, und weiter die Mansardenzimmer desselben Gebäudeteils wurden auf Antrag des Domänenamts für das Corps de Logis beibehalten, „für den Fall, daß fernerhin, wenn auch nur auf kurze Zeit, sich ein Hof hierher begibt".

Das großherzogliche Oberhofmarschallamt wird ersucht, das im Kammerflügel befindliche Ameublement in anderweitige Verwahrung zu bringen. In den Akten des Domänenamtes befindet sich eine Beschreibung der Räume des Kammerflügels nach dem Stand von 1834, dem manches Bemerkenswerte entnommen werden kann: Die Wände des Vorplatzes im Erdgeschoß sind „bis an das Gewölbe getäfelt"; gemeint ist die jetzt noch hier vorhandene Verkleidung mit bläulichweißen, glasierten Tonplättchen, die anläßlich der unter Bischof Wilderich vorgenommenen Renovierung dieses Raumes angebracht worden sein dürften. Daß sie nicht etwa schon ursprünglich da waren, konnte ich bei dem im vergangenen Jahre vorgenommenen Umbau feststellen, nachdem unter den Plättchen Wandmalerei zum Vorschein gekommen war.

Im Jahre 1847 werden „im Vestibüll die losen oder fehlenden glasierten Plättchen der Wände in Gips versetzt".

„Schwere seidene Tapeten" waren in dem westlich an den Spiegelsaal sich anschließenden Raum (jetzt Amtsvorstandszimmer), in dem übernächsten Raum (jetzt kleiner Bezirksratssaal) und in dem mittleren Zimmer der östlichen Hälfte gegen den Schloßhof (jetzt Wohnraum des Amtsvorstandes), „gewirkte Tapeten" in den beiden rückwärtsliegenden Zimmern und in dem südöstlichen Eckzimmer dieses Traktes (jetzt Wohnräume des Amtsvorstandes) vorhanden; „Leinwandtapeten" werden in dem Raum der westlichen Hälfte neben der Treppe (jetzt Aktuarzimmer), Papiertapeten in einem Alkoven erwähnt. Von diesen Wandbespannungen des Kammerflügels ist nichts auf uns gekommen. Im nordwestlichen Eckzimmer (jetzt Bureau des Amtmanns) werden die Wände als „bemahlt" bezeichnet. In einer mit diesem Raum übereinstimmenden Weise sollten im Jahre 1834 auch die übrigen Räume „einen hübschen Farbenanstrich erhalten, da Tapeten von jetzigem Geschmack nicht harmonierten". Der Mieter bestand jedoch auf Tapezierung. Außer im Spiegelsaal werden „große festgemauerte Spiegel" erwähnt im jetzigen Amtsvorstandszimmer, im kleinen Bezirksratssaal, im Amtmannsbureau (hier im vergangenen Jahr wieder angebracht) und in den 4 Zimmern des östlichen Traktes. In den meisten Räumen werden „große, runde, eiserne Öfen" erwähnt, „französische Kamine" im südöstlichen Eckzimmer der Wohnung und im Amtmannsbureau. Das letztere, . erhalten gebliebene, bietet jetzt einem Radiator der Zentralheizung Unterkunft, im Jahre 1834 war vor dem französischen Kamin ein kleiner, eiserner Ofen gestanden.

In der Bestandsbeschreibung von 1834 werden weiter in allen Zimmern der „bel Etage" reich vergoldete Verzierungen an den Plafonds erwähnt. Fünf von diesen stuckierten Decken sind erhalten geblieben, sie stellen nicht den ursprünglichen Zustand dar. Vom Spiegelsaal war diese Tatsache schon immer bekannt, da hier in dem darüber befindlichen Raum (jetzt stehende Registratur) die ehemalige Freskobemalung[1] des ursprünglich zwei-

---

[1] Beschreibung dieser Deckenmalerei bei Wille, S. 63/64. Den hier von

stockwerkhohen Raumes erhalten blieb. Ferner war der Plafond des jetzigen Aktuarzimmers im Charakter der Schönbornschen Zeit auf uns gekommen. Bei den vorjährigen Umbauarbeiten konnte ich dann die überraschende Wahrnehmung machen, daß auch die jetzt stuckierten Decken ursprünglich alle bemalt waren. Die architektonischen Gliederungen der Decken, die Wandkehlen mit ihren Gesimsen, die elliptischen und anders geformten Spiegel-einfassungen und die Kreise und Vierpässe in den Ecken er-wiesen sich als die noch erhaltenen ursprünglichen Einrahmungen der Malereien, in den eingerahmten Flächen trug dann eine spätere Zeit — die Louis XVI. Ornamentik läßt auf das Ende der Hutten-schen Periode schließen — über die Malereien hinweg den reichen plastischen Schmuck an.

Besonderes Interesse verdient der Plafond im jetzigen Amts-vorstandszimmer. Der mittlere Spiegel brachte unter der Tünche und zwischen der reichen Stuckierung ein Gemälde zum Vorschein, in dem sich deutlich erkennen ließen: ein nacktes Bein einer gen

---

Wille als Lehrjungen des Malers Krefeld genannten Brandmayer fand ich wieder auf einem der Handschrift nach von Leonhard Stahl gezeichneten Lageplan der neuen Kaserne. Das jetzige Haus No. 21 der Huttenstraße mit dem heiligen Andreas in der Ecknische ist hier bezeichnet als „des Bildhauers Götz und Mahlers Brandmayers seyne behausung". Die Huttengasse trägt den Namen „neue Capuciner gassen". Nach den Kirchenbucheinträgen der Hofpfarrei ist „Franciscus Udalricus Brandmeyer Pictor et deaurator auli-cus" 1707 geboren und am 26. März 1779 gestorben. Von sieben Kindern, die ich in den Kirchenbüchern fand, sind fünf Knaben und ein Mädchen im zartesten Alter gestorben, ein Söhnlein „Joannes Adamus" wurde im Jahre 1756 im Alter von 8 Jahren konfirmiert. Brandmayers Frau hieß Anna Maria geborene Degen.

„Joannes Valentinus Götz statuarius" lebte von 1694—1760 den 21. Oktober. 1740, am 8. Februar, starb seine Frau Maria Theresia im Alter von 46 Jahren. Am 5. Juli desselben Jahres verband er sich mit der Jungfrau Maria Elisabetha Ballmer aus Bensheim. Die letztere schenkte ihm sieben Kinder, von denen der Sohn Georgius Valentinus im Jahre 1756 siebenjährig konfirmiert wird.

Himmel schwebenden männlichen Gestalt, ein auf einem roten Tuch am Boden kauernder Mann, der seinen Kopf mit der rechten Hand stützt, offenbar schlafend; ein rechteckiges Gebilde am Boden, das als Sarg, und ein weiteres, gleich großes Rechteck daneben, das als beiseite geschobener Sargdeckel in Anspruch genommen werden kann, läßt vermuten, daß hier eine Auferstehung Christi dargestellt war. Das einrahmende, derbe Profil war rot getüncht, desgleichen der Grund der vier Vierpässe und der Kehle. Die übrigen Flächen der Decke waren gelb getüncht. In der Kehle waren schwulstige Barockeckstücke in grünem Ton aufgemalt. In den Vierpässen kamen aufgemalte Inschriften in römischer Majuskel zum Vorschein, die in der Hauptsache konzentrisch der Umrißlinie folgen. Es gelingt leider nicht, die Inschriften zu lesen. Einige Worte lassen vermuten, daß es sich um belanglose Bibelsprüche handelt. An zwei Stellen jedoch sind die Buchstaben quer durch den Kreis gestellt und von dem übrigen Vierpaß durch einen starken Strich getrennt. An diesen beiden Stellen ist die Zahl 1715, das einemal ohne weitere Beifügung in römischen Zahlen, an der anderen Stelle im Zusammenhang mit mehreren nicht zu entziffernden Worten in arabischen Zahlen und mit dem Zusatz „ANO" deutlich zu lesen. Man ist versucht, hier eine Bauinschrift zu vermuten, da jedoch im Jahre 1715 der Bau des Bruchsaler Schlosses noch gar nicht begonnen, ja noch nicht einmal beabsichtigt war (der Grundstein wurde am 27. Mai 1722 gelegt) und da auch in dem Leben des bischöflichen Bauherrn das Jahr 1715 keine besondere Rolle spielt, so bleibt mir nur übrig, die Deutung dieses merkwürdigen Fundes dem Scharfsinn späterer Forscher zu übermachen.

Verantwortungsvoll war die Entscheidung über das Schicksal der sorgfältig bloßgelegten Malereien. Da der künstlerische Wert der Malereien demjenigen der Antragarbeiten nicht gleichkommt, die letzteren aber in ihrer Wirkung durch die bloßgelegten Male-

reien begreiflicherweise ganz außerordentlich beeinträchtigt wurden,
so entschloß ich mich in diesem Zwiespalt künstlerischer und
wissenschaftlicher Interessen zur Wiederübertünchung der Malereien,
nachdem dieselben photographisch und zeichnerisch aufgenommen
waren. Nur die Vierpässe blieben für spätere Forschungen
bloßgelegt.

Einige besonders gut erhaltene gemalte Decken konnten dadurch der Nachwelt überliefert werden, daß sie in andern Räumen
mit glatten Decken kopiert wurden. So ist die Deckenmalerei
neben dem Spiegelsaal in der jetzigen Wohnung dem Amtmanns-
zimmer, diejenige im Gang des Bureauflügels dem jetzigen Aktuarzimmer in Form und Farben entnommen. Auch die bunte
Flächenmalerei an den Wänden des eben erwähnten Ganges ist
eine genaue Kopie des unter der Tünche hier vorgefundenen Zu-
standes. Interessant ist der Wechsel der Farben in den einzelnen
Fensternischen. Weiter konnte unter dem Plättchenbelag festgestellt werden, daß an den Wänden des alten Treppenhauses eine aufgemalte Ballustrade von schwarzen Marmordoggen mit rotem Sockel-
und Deckgesimse den Stufen folgte. Die Bogenleibungen in diesem
Treppenhaus und die steinernen Türgestelle im bunten Gang
waren in Marmorimitation schwarz angemalt. Endlich konnte in
einem Zimmer an der Ofennische und auf den Holzverkleidungen
der Fensternischen eine aufgemalte Imitation Delfter Plättchen
bloßgelegt werden.

1843, am 16. Oktober, kündigt der „General von Geyling"
seine Wohnung wegen Versetzung nach Mannheim. Mit seinem
Nachfolger im Regimentskommando, Obrist-Lieutenant von Hinkeldey, wird am 26. November 1843 der Vertrag unter den früheren
Bedingungen abgeschlossen.

1846 wird wegen des für die Garnison der Bundesfestung
Rastatt erforderlichen Raumes die Entfernung der dort befindlichen

Mittelstellen der Kreisregierung und des Hofgerichtes beschlossen.[1]
Die Kreisregierung wird nach Karlsruhe, das Hofgericht nach
Bruchsal verlegt.

1846, den 28. November, wird Bezirksbaumeister Rief[2] angewiesen, der zur Errichtung von Lokalitäten für das großherzogliche Hofgericht angeordneten Kommission beratend zur Seite
zu stehen.

1847, den 1. Oktober, wird der Kammerflügel dem großherzoglichen Hofgericht des Mittelrheinkreises gegen eine jährliche
Miete von 400 fl überlassen[3]; der bisherige Mieter von Hinkeldey
bezieht das Domänenverwaltungsgebäude, die Domänenverwaltung
die seitherige Wohnung des Rittmeisters Beckert. Der Dienst-
dienerbau, bisher von Hofdiakonus Wölfel bewohnt, wird zu
Wohnungen für das Hofgerichtspersonal hergerichtet.

1861, am 23. September, findet im Kammerflügel die Ver-
urteilung des Leipziger Studenten Oskar Becker aus Odessa, der
am 14. Juli 1861 morgens zwischen 8 und 9 Uhr in der Lichten-
thaler Allee bei Baden einen Mordversuch auf König Wilhelm von
Preußen gemacht hat, zu zwanzigjähriger Zuchthausstrafe statt.[4]

1864 wird das Hofgericht von hier nach Karlsruhe verlegt.
Die letzte hier abgehaltene Schwurgerichtssitzung begann am
12. September 1864.

Der Kammerflügel hatte nunmehr den im Jahre 1864 ge-
bildeten Verwaltungshof (Direktor Geh. Rat Boehme) aufzunehmen,
bis auch dieser im Jahre 1871 nach Karlsruhe verlegt wurde.

1872 und 1873 bewohnte im Kammerflügel Rittmeister Schmitt
5 Zimmer eine Treppe hoch und 9 Mansardenzimmer, 6 Zimmer

---

[1] Staatsministerialentschließung vom 13. November. No. 2156.
[2] Friedrich Rief stand der Bezirks-Bauinspektion von 1839—1849 vor.
1844 wird ihm Baupraktikant Berger und 1847 Architekt Gmelin zur Unter-
stützung beigegeben.
[3] Staatsministerialentschließung vom 19. Februar. No. 310/11.
[4] Bruchsaler Wochenblatt 1861, S. 475.

im Erdgeschoß des östlichen Flügels der Postdirektor Maier, zwei Räume waren dem Musikverein zugeteilt.[1]

Hierauf wird der Mittelbau und die östliche Hälfte als Militärlazarett eingerichtet (laut Vertrag vom 11. November 1872 gegen eine jährliche Miete von 800 fl). Die westliche Hälfte wird dem Filialrechnungsarchiv (vergl. S. 27) überlassen. Bei der Vermietung an das Militär wird im § 7 bestimmt, daß „weder der Saal, noch die 5 Zimmer des zweiten Stockes, welche mit Stuccaturarbeit und noch brauchbaren Parquetböden versehen sind", zur Unterbringung von Mannschaften oder für ähnliche Zwecke, die Beschädigungen jener zum Teil wertvollen Arbeiten befürchten ließen, benützt werden dürfen.

Durch den Stallbrand vom 14. März 1885[2] wird der Kammerflügel stark gefährdet. Der Schaden an zersprungenen Fensterscheiben, durchnäßtem Verputz an Decken und Wänden u. s. w. wird auf 430 Mark geschätzt.

1904, am 1. November, bezieht das großherzogliche Bezirksamt den Kammerflügel; der westliche Teil wurde für das Amt, die östliche Hälfte als Wohnung des Amtsvorstandes (Oberamtmann Beck) eingerichtet.

Die Verbindungsbauten [3 u. 4]

waren ursprünglich niederer. Durch ihre Höherführung kam ein Teil der Fassadenmalerei des Corps de Logis unter Dach. Die hier gut erhaltenen Reste boten die Unterlage für die Wiederherstellung der Fassadenbemalung.

Die Verbindungsbauten waren in ihrer höhergeführten Gestalt vielleicht nicht bemalt, Spuren zeigten sich jedenfalls nicht. Da somit ihre jetzige Bemalung, die im Interesse einheitlicher Wirkung beim Renovationswerk nicht unterlassen werden konnte, Neuschöpfung ist, so schien mir hier der geeignete Ort zu sein,

---

[1] D. A. — [2] S. unter [15].

in vorhandenen leeren Steinkartuschen das Jahr der Renovation
und den Anfangsbuchstaben desjenigen Fürsten festzuhalten, unter
dessen kunstsinniger Regierung die Renovation sich vollzog.

Für die Grottenmalerei der Durchgänge dienten die unter

Durchgang am Verbindungsbau [3] mit Blick auf das Hofkontrollamt [10].

der Tünche bloßgelegten Malereien im Erdgeschoß des Corps de
Logis als Vorlage. Die vier Jahreszeiten der Lünetten sind dem
großen Saal des Kammerflügels (jetzt stehende Registratur) entnommen.

Der Kirchenflügel [5]

hat seine alte Bestimmung behalten.

1833 wird der östliche Teil des Kirchenflügels, bestehend aus einem großen Zimmer im unteren Stock, 3 ineinanderlaufenden Zimmern darüber und 3 Mansardenzimmern, einzeln an Personen, die keinen eigenen Herd führen — da keine Küche vorhanden

Corps d.   Kirchenflügel [5]   [18]   [19]   [20]   Kavalierbau [12]
Logis
[1]   Kirchturm [7]
      Verbindungs-
      bau [4]

und das Kochen im Kamin feuergefährlich ist — zur Vermietung angeboten. 1834 wird eine Küche eingerichtet. Die Beschwerde des evangelischen Hofdiakons Wölfel und des Stadt- und Hofpfarr-verwalters Hencka — der letztere befürchtet eine Störung des Gottesdienstes durch die Köchin, „wenn sie Fleisch klopft oder

Holz spaltet oder Zimmet und Nägelein stößt" — wird von der Bauinspektion unter Hinweis auf die Stärke der Zwischenwand abgewiesen. Die Wohnung wird von Geh. Rat Schmied gemietet. 1839 wohnt hier Domänenverwalter Castorph, 1848—1851 dessen Witwe, 1852 die Witwe Herbster, 1882 der Amtsgerichtsdiener Weidemeier, 1883 Hauslehrer Peter Jäger vom Männerzuchthaus. 1888 geht der 1. und 2. Stock an die Königliche Militärverwaltung für die Meldestelle des Bezirkskommandos, der 3. Stock an die Verwaltung des Landesgefängnisses und die Weiberstrafanstalt (Aufseher Burg, dann Aufseher Schweiger) über. Seit 1904 sind die Räume unbenutzt.

Der Gang [6]
zwischen Kirche und
Kirchturm [7]

bildet die Verbindung mit dem Priesterseminar (25ᵇ).

Am Türschlußstein des Kirchturms steht eingemeißelt „ANNO 1738", unter der Schönbornschen Wappenkartusche des zweiten Stockwerkes „1742".

Bei Neubefestigung der Turmspitze im Jahre 1879 wurde im Turmknopf ein 12 cm langes Kardinalkreuz und eine Urkunde vorgefunden. Auf dem Kreuz steht nach der Aktennotiz des Bauinspektors Hendrich einerseits: „Proprium et verissimum Lignum miraculosum montis Calvariae serviens contra omnes tempestates et adversa itinerum", andrerseits: „devote recitando 5° pat: et Aue. in honorem 5 vulnerum Xit." Die Urkunde lautet nach der zu den Akten genommenen Abschrift:

Eminentissimus Reverendissimus ac
Celsissimus Princeps & Dominus
DAMIANUS HUGO
ex
Illustrissimo sanguine sancti Romani
Imperii comitum

de

Schönborn

Die XIX. mensis Septembris

MDCLXXVI

Ortus

Primum

Inclyti Militaris ordinis Teutonici

ab anno MDCLXXIX

EQUES

Dein per

Ballivias Haßiacam, et veterem juncetanam sive Belgicam

commendator Provincialis

Romanorum Imperatorum Iosephi I^{mi} & Caroli VI.

Consiliarius Intimus Actualis

ad

Regiones septentrionales

Legatus

a

Romano Pontifice

Clemente IX

in

Sanctae Romanae Ecclesiae

Cardinalem

Die XXX mensis Januarij MDCCXIII

Creatus

ex

Coadiutore

Henrici Hartardi Episcopi

Spirensis, et Ecclesiarum Principal. Weißenburgensis & Odenheimensis

ex perillustri familia Baronum de Rollingen

Die XXXI mensis Julii MDCCXVI

ELECTO

ejusdem

Successor

et ipse

Episcopus Spirensis ac

Principal Ecclesiarum Weißenburgensis & Odenheimensis
Praepositus

Die XXX mensis Novembris

MDCCXIX

atque

ex

Coadjutore

Joannis Francisci Episcopi Constantiae Domini in Reichenau et
Öhningen ex perillustri familia Baronum de Stauffenberg

Die XVIII Mensis May MDCCXXII

ELECTO

ejusdem

Successor

et ipse

Episcopus Constantiensis ac

Dominus in Reichenau et Öhningen

a

Die XII mensis Junij MDCCXL

Sancti Romani Imperij

Princeps

Post ·

Episcopale Pallatium et Ecclesiam Sanctos Damianum et Hugonen
Hic Bruchsaliae

Post

Curiam Causarum Forensium Domos et Piura ibi circumjacentia
ab anno MDCCXXI

Sedente Romae in Cathedra Divi Petri Apostolorum Principis
Innocentio XIII

sub

Imperatore Romanorum

Carolo VI

aedificari cepta et feliciter Consummata

Post

Episcopale Presbyterorum Seminarium et Pauperum Hospitale
ibidem piißime erecta fundata et Munificentissime dotata

Post

Plures ecclesias Parochiales, parochorum aedes per Dioecesin
Spirensem vel noviter exstructas vel restauratas vel ad meliorem
formam reductas, post plures Parochias ad Cuitum divinum et
animarum salutem restitutas

Post

Arces Castellaque in Kirchweiler, Deidesheim, Kislau, Rauenberg,
Hanhoven etc. a fundamentis restaurata

Post

Eremitium habitationem cum adjunctis aedibus prope Wagheusel
erectam in Altenburg & Neudorff atque ampliatam

Post

Cammeram Episcopalem plurimis bonis reditibus proventibus
atque emolumentis auctam ect. ect.

Turrim praesentem

exstrui, campanis atque Horologio exornari atque in summitate
coronari fecit cruce, hancque benedixit

Die XIX mensis octobris MDCCXL CVI DeVs bene DICat
atqVe

perpetVae VItae GavDIa retrIBVat.

Quo anno

Emminentissimus Cardinalis Lambertini Archiepiscopus Cologniae
electus fuit in summum Pontificem

BENEDICTUS XIVtus

Nuncupatus.

Das Hofzahlamtsgebäude [8]

dient als Wohnung der Schloßverwalterin Guerillot.

Vom Schloßwachthaus [9]

an dessen östlichem Bogenschlußstein die Inschrift eingehauen ist: „PAX INTRANTIBVS ANNO 1739", sind alte Grundrisse vorhanden. Ein Blatt trägt die Aufschrift: „Altan Platz auf dem Wachthauß im Schloß". Nach dieser Zeichnung war an Stelle des Zeltdaches eine Plattform mit Sandsteinplattenbelag und einem Aussteigtürmchen in der Mitte, das in der Aufsicht gezeichnet ist. Den im Gefäll verlegten Plattenboden und die von zwei Seiten auf die Plattform führenden Steintreppen fand ich unter dem Dache noch vor. In der von Leonhard Stahl am 28. November 1770 aufgestellten „Designatio deren sämtlichen in Hochstiffts Landen succesive Theyls neu zu bauenden Theyls aber zu reparirenden Gebäuden"[1] heißt es u. a.: „die Belegung mit fünfzölligen Blatten deren Altanen auff dem Residentz Thor Bau". Die Schloßverwalterin Guerillot weiß sich zu erinnern, daß ihr Vater erzählt habe, zur Zeit der Bischöfe sei vom Wachthaus herunter musiziert worden.

Das jetzt wieder beseitigte Zeltdach mag aufgesetzt worden sein, weil der Steinbelag nicht dicht war, trotzdem die einzelnen Platten sorgfältig ineinander eingezapft waren. Die Stoßfugen des Hauptgesimses waren durch mit Mörtel ausgegossene, aufeinanderpassende Kerben gedichtet. Über dem Torbogen war beiderseits ein Stück Hauptgesimse aus Backsteinen eingeflickt. Eine zu beiden Seiten davon eingehauene, flache Abweisrinne gab den Anhalt zu der nunmehr wieder ausgeführten Erhöhung der Mittelstücke. Dieselben mußten bei Aufbringung des Daches, weil im Wege stehend, beseitigt werden. Wann das Dach auf-

---

[1] G. L. A. K. Fürstentum Bruchsal Dienste Bausachen 1770—1773.

gesetzt wurde, weiß ich nicht; in einem Längsschnitt von 1862 ist es vorhanden, es muß aber noch einige Jahrzehnte weiter zurück-liegen, da sich die ältesten Leute an die Plattform nicht erinnern, und die mit dem Jahre 1841 beginnenden Akten dieses Gebäudes nichts erwähnen.

Das Türmchen ist genau in den Dimensionen und der Um-rißlinie der alten Aufsichtszeichnung, jedoch ohne Anhalt für den Aufriß, neu entworfen worden.

Gar kein Anhaltspunkt war für die Brüstung vorhanden. Dieselbe ist unter Verwendung von zum Teil alten, zum Teil nach dem alten Modell neu gefertigten gußeisernen Ballustern[1] an das Bauwerk angegliedert worden.

1841 teilt die Bezirksbauinspektion der Domänenverwaltung mit, daß das sogenannte Schloßwachtgebäude auf dem Militär- und Amtskassen-Etat ruhe, ohne demselben jedoch überwiesen zu sein. Es möchte nun bestimmt werden, wer eigentlich dieses Ge-bäude zu unterhalten habe, da es in diesem herrenlosen Zustand nicht länger belassen werden könne.

1848 werden die beiden Wachtzimmer ausgebessert. Die Notwendigkeit der Instandsetzung bestätigt der Garnisonskomman-dant Major Waizenegger.

1864 erhält der Rittmeister Warth das nördliche Wachtzimmer als Putzlokal. 1868 wird ihm gekündigt, da man beabsichtigte, in dem Schloßwachthaus eine Steueraufseherwohnung einzurichten.

1877 wird das nur noch als Holzremise dienende Schloß-wachthaus anläßlich der Anwesenheit Seiner Königlichen Hoheit des Großherzogs am Äußeren etwas hergerichtet.

1879 wird das Gebäude der Bezirksbauinspektion zur Auf-bewahrung von Baumaterialien überwiesen.

---

[1] Die Balluster fanden sich im Baumagazin vor, ihre ehemalige Ver-wendung kann nicht festgestellt werden.

Anläßlich der zurzeit in Arbeit befindlichen Renovations-
tätigkeit wurden Wandmalereien in dem nach Norden gelegenen
ehemaligen Offizierzimmer bloßgelegt; es sind hier militärische
Embleme dargestellt, die ich für die Bemalung des Durchgangs
zu verwerten gedenke.

Das Hofkontrollamtsgebäude [10]
(s. Abb. auf S. 39.)

dient zurzeit als Wohnung des Amtsgerichtsdieners. Auf dem
von Steinwarz[1] aufgenommenen Grundriß steht: „Wohnung der
Frau von La roche"; dieselbe wird in den Akten schon 1832 hier erwähnt. 1844 bewohnt das Häuschen Amtsrevisor Dr. Kissel,
1847 Hofgerichtsassessor Haas. In diesem Jahre werden sechs
neue Dachgauben errichtet, 1849 die „baulosen Mauern" der
Gräben renoviert. 1863 wohnt hier Hofgerichtsrat Heß, 1864
Rittmeister Warth, dann Oberstabsarzt Dr. Deimling bis 1883.
Nunmehr werden die beiden Stockwerke getrennt vergeben, seit
1897 der untere Stock als Dienstwohnung des Amtsdieners, der
obere als solche des Amtsgerichtsdieners.

Vom Nebendienstdienerbau [11]

ist ein alter, von Leonhard Stahl gezeichneter Grundriß des Erdgeschosses erhalten mit der Aufschrift: „Grund Laage der Ersten
Etage des Orangeriegebäudes, nach Welcher die Tapeziererey,
Garderobe für die Galla Livrée, auch Garde-Meuble darinnen an-
zulegen". Die Bezeichnung „Hoftapeziererei" hat sich in den
Akten für dieses Gebäude bis heute erhalten. Daneben kommt
auch die Bezeichnung „nördlicher Cavalierbau" vor.

---

[1] Baupraktikant Steinwarz wird im Jahre 1834 von Heidelberg auf
einige Wochen „zur Aufnahme der dasigen ärarischen Gebäude gegen eine
Tagesgebühr von 2 fl 30 kr einschließlich der Reisekosten" hierher versetzt. Leider wurden von ihm und seinem Nachfolger Waldschütz nur
Grundrisse aufgenommen; die Numerierung der Gebäude entspricht derjenigen des Situationplanes von Lorenz vom Jahre 1835.

Die von Steinwarz gezeichneten Grundrisse tragen die Aufschrift: „Ehemaliger Dienerbau jetzt des Hofcaplans und andere Wohnungen".

1839 wird im Bruchsaler Wochenblatt die Wohnung im sogenannten Dienerbau, welche der gestorbene Großherzogliche Major Lemaistre in Miete gehabt hat, ausgeschrieben.

1847 werden hier 3 Wohnungen an Beamte des Hofgerichts übergeben. Bei diesem Anlaß wird die vor dem Haus gelegene „Holzremise und das Kohlenmagazin" [17] beseitigt. 1851 wird an dieser Stelle ein Rasenplatz angelegt.

1856 bitten Hofgerichtsrat Hildenbrand und Gerichtsadvokat Trefurt um die Erlaubnis, den Rasenplatz in Hausgärten umwandeln zu dürfen.

1864 werden die Wohnungen an Beamte des Verwaltungshofes abgegeben.

1869 beschweren sich die hier wohnenden Regierungsrat Dr. Ritzhaupt und Geh. Regierungsrat Eisenlohr darüber, daß an dem Brunnen vor ihrer Wohnung, der von den Soldaten der Schloßkaserne mitbenutzt wird, diese sich waschen und kämmen und ihr gesamtes Eßgeschirr und ihre Fußlumpen darinnen waschen.

Seit 1885 ist neben einigen Mietwohnungen das Forstamt Graben hier untergebracht, dem seit 1888 Oberförster Walli vorsteht.

Der sogenannte Kavalierbau [12]

war, wie Nr. 11, ursprünglich Orangerie. Auf dem großen Wasserleitungsprojekt (s. unter Wasserversorgung) sind Abwasserleitungen von dem großen Springbrunnen vor dem Corps de Logis nach je drei Entnahmestellen auf den Plätzen westlich von den beiden Orangerien eingezeichnet.

Die Türangeln der großen, gegen den Schloßpark sich

öffnenden Tore sind noch zu sehen. Der Umbau zum Kavalierbau vollzog sich schon zu der Zeit, als das Gebäude außen die
jetzt noch deutlich wahrnehmbare reiche Malerei erhielt, denn die
Malerei läßt sich auch an den in die Torbogen eingemauerten
Flächen deutlich wahrnehmen.

Das im mittleren Giebelfeld eingemalte Huttensche Wappen
gibt einen Anhaltspunkt für diese Bemalung.

Im 19. Jahrhundert wurde in die südliche Hälfte die Bezirks-
bauinspektion gelegt. In den von Waldschütz[1] gezeichneten Grundrissen steht in der südlichen Hälfte: „Wohnung des Bezirksbaumeisters Lumpp[2], ehevorige Wohnung des Bezirksbaumeisters
Schwarz[3]“, in der nördlichen Hälfte: „ehevorige Wohnung des
Freiherrn von Gemmingen“.

1834 wird die von Gemmingensche Wohnung dem Kirchenrat
Rothensee übergeben. Der letztere erinnerte sich, daß der Kavalierbau
von Obergerichtsrat von Stengel und Geh. Hofrat Dahmen und
dann von Baumeister Schwarz und Freiherrn von Gemmingen
bewohnt war. 1836 wird als Mieter erwähnt Rittmeister von
Stöcklern, 1850 Geh. Rat von Wechmar, 1851—1863 Hofgerichtsrat
Geider, 1864 Rittmeister von Amerongen, 1869 Rittmeister Freiherr von Schilling. Ein Plan von Breisacher von 1861 stellt einen
Entwurf dar zur Herstellung von drei Wohnungen, dessen Ausführung unterblieb. 1872 wird anläßlich der Aufhebung des
Amtsgerichts Philippsburg eine dritte Wohnung im Kavaliergebäude
eingerichtet, die dann dem Hauslehrer Kirsch vom Männerzuchthaus und 1877 dem Inspektionsassistenten Brunner überlassen
wird. Der freie Platz vor dem Kavalierbau wurde vom Dragoner-

---

[1] Architekt Waldschütz wurde 1834 nach dem Eintreffen des Prak-
tikanten Steinwarz und nach Übergabe der von ihm noch nicht vollendeten
Arbeiten an Steinwarz seiner Funktionen enthoben.

[2] S. Seite 13.

[3] S. Seite 2.

regiment als Reitplatz, seit 1875 nur noch als Sammelplatz zum
Aus- und Einrücken benützt. 1877 beschwert sich Bezirksbaumeister Hendrich darüber, daß auf genanntem Platz Exerzier-
übungen des Wachdetachements vorgenommen werden. 1880
wird den bisherigen zwei Diensträumen der Bezirks-Bauinspektion
ein drittes Zimmer zugeschlagen und die danebenliegenden drei
Zimmer mit Küche dem Oberroßarzt van Poul, 1888 dem Leutnant von Bohlen und Halbach, 1892 dem Leutnant Runge und
zuletzt bis 1897 dem Premierleutnant von Baumbach vermietet.
Die nördliche Hälfte des Kavalierbaues wird seit 1880 von der
Großherzoglichen Wasser- und Straßenbauinspektion eingenommen
und 1884 dem zweiten Richter Oberamtsrichter Armbruster, 1891
dem Oberamtsrichter Bechtold, 1894 dem Oberamtsrichter Mayer,
1896 dem Oberamtsrichter Frey, 1902 dem Oberamtsrichter
Joachim übergeben. Seit kurzem ist das ganze Haus der Bezirks-Bauinspektion zugeteilt.

Die Mundkochswohnung.

Die Mundkochswohnung [13].

1837 von Mundkoch Heck bewohnt, wird 1847 in zwei Wohnungen für die Kanzleidiener des Hofgerichts hergerichtet.

1865 wohnt hier Revident Martin vom Verwaltungshof, 1868 Kaserneninspektor Feis.

Bis 1882 hatte die Mundkochswohnung Postsekretär Gageur inne. 1882 mietet das Ministerium der Justiz d. K. u. U. das Häuschen zur Unterbringung von Aufsehern des Landesgefängnisses. Seit 1904 wohnen in dem renovierten Haus die beiden Amtsdiener. Die größeren Dachgauben durften leider aus praktischen Gründen bei der Renovation nicht durch die ursprünglich kleineren ersetzt werden.

Von der Weißzeugbeschließerei [14 u. 15a]

ist ein Originalplan (Grundriß und Ansicht) erhalten mit der Unterschrift: „Neye Sattel und Weißzeug Cammer 1744". Ein weiterer, auch den Flügel 15b einbeziehender Plan trägt auf der Rückseite die Bezeichnung: „Nr. 17 Riß zum Küchen Baulein, Weißzeig Kammer, Mehlhaus, Waschhaus, stall Parthie Zimmer". Auf weiteren alten Plänen steht „Klepperstallungen bei Hof".

1885, am 14. März, bricht in den Gebäuden hinter dem Kammerflügel Brand aus. Der Schaden wird auf 26 000 Mark geschätzt, wozu noch 7000 Mark für die dem Reichsfiskus gehörenden Stallungen kamen. Sattelkammer und Remise sind zum größten Teil bis auf die Mauern ausgebrannt. Von der Weißzeugbeschließerei und dem Waschgebäude ist das Dach fast ganz, die nördliche Hälfte des Querbaues bis auf die Mauern abgebrannt. Die stehengebliebene südliche Hälfte der Weißzeugbeschließerei wird bei diesem Anlaß von der Lazarettverwaltung auf ihre Kosten weggerissen. In der nördlichen Hälfte dieses Gebäudes sollte für das Lazarett eine Totenkammer, Waschküche und Holzremise eingerichtet werden, die Militärintendantur zog es je-

doch vor, für.Totenkammer und Waschküche ein besonderes Gebäude zu errichten (jetzt Waschküche und Bügelzimmer des Amtsvorstandes).

Nach dem Brand von 1885 hielt man die Entfernung
sämtlicher hinter dem Kirchenflügel gelegenen Nebengebäude mit
Rücksicht auf die Feuersgefahr für dringend.geboten. Die mit
den vorerwähnten Stallungen symmetrischen

südlichen Klepperstallungen [16]

wurden deshalb abgerissen.

Durch Beseitigung der Klepperstallungen hatten die nach dem
Muster von Groß-Trianon angelegten, auch in Schwetzingen nach-
geahmten Zwingergräben ihren Zweck, den Ehrenhof abzu-
schließen, verloren. Durch Errichtung je eines Tores zwischen
den Enden der Gräben und dem Kammer- und Kirchenflügel ver-
suchte der Verfasser dem Ehrenhof seine ehemalige geschlossene
Wirkung wiederzugeben. An den vier Torpfeilern die Bildnisse
der vier Kirchenfürsten, die in Bruchsal residierten und durch die
Errichtung und den Ausbau des Schloßkomplexes sich ein wahrhaft monumentales Denkmal gesetzt haben, in Steinreliefs der
Nachwelt vor Augen zu führen, erachtete der Verfasser für eine
Pflicht der Pietät. Die Modelle zu den Torpfeilerkrönungen hat
nach des Verfassers Angabe Bildhauer Paul von Heidelberg,
diejenigen der Bildnisse Bildhauer Ehehald von Karlsruhe ge-
fertigt. Für das ehemalige Vorhandensein der Ballustrade und
des aufgesetzten Gitters an der Hofseite der Gräben waren genug
Anhaltspunkte an Ort und Stelle und in alten Situationsplänen
erhalten.

Über Nr. 17 s. bei Nr. 11.

Entwurf zu den Torpfeilern im Ehrenhof.

Die Hofmeßners-Wohnung [18]

und

die Hofsattlerei [19]

sind in den Grundrissen von Steinwarz als „Schloßökonomie-
gebäude" bezeichnet. Ein alter Plan, der ganz in der Technik
derjenigen von 1744[1] aufgeführt ist, trägt auf der Rückseite die
Bezeichnung „Nr. 20 Tapetzierei, altes Metzelhaus, Offizianten-
zimmer, Kirchengang, stall Parthie-Zimmer und Stallung". Der
Kirchengang [6] ist auf dieser Zeichnung im Schnitt und mit Be-
dachung dargestellt, während er auf einem offenbar älteren, nicht
zu datierenden Plan, auf dem der Kirchturm [7] noch fehlt, oben
offen dargestellt ist. 1848 wird im Bruchsaler Wochenblatt die
Wohnung in der ehemaligen

Tapeziererei [19]

im Bandhof ausgeschrieben, hier wohnt bis 1854 Buchhalter
Schell, dann Hilfslehrer Ischler, 1857 die Lazarettköchin Scheurer,
dann Aufseher Becker und 1891 die Bureaudienerin des Domänen-
Amtes, Frau Rosa Hamminger. Im Dachgeschoß ebenda wohnte
bis 1894 Aufseher Warth, dann Bureaugehilfe Sauter.

In der

Hofapotheke [20]

wohnt 1833 Hauptmann Klein, 1842 Oberamtmann Siegel, dann
Oberstleutnant v. Seldeneck, 1852 Hofgerichtsexpeditor Hammes,
1865 Revisor Mayer, 1868 dessen Witwe, 1885 Frau Domänenrat
Stöckel Witwe, 1903 Bureauassistent Sauter.

Von der

Reithalle [21]

ist der Originalplan im Grundriß, zwei Ansichten und einem Schnitt

---

[1] S. Seite 51 und 55.

erhalten; derselbe trägt die Bezeichnung: „neyes Reithaus 1744", in derselben Handschrift wie das bei Nr. 14 erwähnte Blatt desselben Jahres.

1803, am 15. Juni, kündet Direktor W. Vogel im Bruchsaler Wochenblatt an, daß die hier anwesende Schauspielergesellschaft wöchentlich drei bis vier Vorstellungen in der kurfürstlichen Reitschule gebe. Anfang abends 6 Uhr.

In den zwanziger Jahren wurden hier Heidelberger Mensuren ausgefochten.[1]

Die Reithalle dient noch heute ihrem ursprünglichen Zweck als Reithalle des Dragonerregiments.

Neben der Reithalle war eine

Pferdeschwemme [21ª]

jetzt Garten das Verfassers.

Der Bandhof [22],

die herrschaftliche Faßbinderei, war gegen Süden geschlossen. In dem von Lorenz im Jahre 1835 gezeichneten Situationsplan der gesamten Schloßanlage ist der Durchbruch nach dem zum herrschaftlichen Bauhof führenden Weg bereits vollzogen.

Das nördliche Ende des Ostflügels heißt heute noch K üfer knechtswohnung. In einem alten Grundriß dieses Flügels tragen die einzelnen Räume von Norden nach Süden folgende Bezeichnungen: „schreiner werkstatt, küffer werkstatt, remise vor Küferholtz, remise, becker wohnzimmer, backstuben, backhaus, brodt und mehlkammer, mehlkammer ober der Eisgruben". Von der Schlosserei im Bandhof ist ein, von Leonhard Stahl unter-

---

[1] Nach Erinnerung und freundlicher Mitteilung des Geh. Regierungsrates a. D. Lumpp, eines Neffen des gleichnamigen Bezirksbaumeisters.

Zimmerplatz [51]   Der Bandhof, im Hintergrund   Tabakfabrik [24]
                    Corps de Logis, Kirchenflügel u. Kirchturm.

schriebener Grundriß vorhanden, in dem die ganze Einrichtung,
„der kleine und große Blasbalg, der Amboß," und „im Ober-
gesellenzimmer" das Bett eingezeichnet ist.

Vom Rosentor [23]

ist ein Schnitt von 1753[1] und ein nicht sehr altes Blatt Grundrisse, aus dem die ehemalige Bestimmung der einzelnen Räume
entnommen werden kann, vorhanden. In einem Schreiben vom
20. Mai 1748[2] ist erwähnt, der „herrschaftliche Zimmerplatz
(vergl. u. Nr. 51) bey dem rosen Thor".

Die Militärbehörde hat (vor 1862) es für vorteilhaft gefunden,
das sogenannte Rosentor abbrechen zu lassen, weil die Unter-
haltungskosten den Wert der Benützung überstiegen, andernteils

---

[1] s. unter Tabakfabrik.
[2] G. L. A. K., Bruchsal, Bausachen 1658—1803.

aber, um eine fahr- und gangbare Straße herzustellen. Überdies wurde nach Ansicht des Bauinspektors Breisacher das Aussehen des Stadteingangs bedeutend verschönert.

Die herrschaftliche

Tabakfabrik [24]

ist im Jahre 1753 von Leonhard Stahl entworfen worden. Drei Grundrisse und eine Hofansicht mit der Unterschrift: „Inv. Stahl" tragen auf der Rückseite den Vermerk: „praesentatum in Camera Bruchs. d. 13 Julij 1753". Zwei sehr schön gezeichnete und in zarten Tönen angetuschte Vorderfassaden ohne Unterschrift, aber doch sicher von Stahl gezeichnet, gehören zu einer Grundrißvariante mit zwei Toreingängen an der Vorderfassade; die eine von diesen beiden Fassaden ist zur Ausführung gelangt. Auf den Fassadenblättern ist das Rosentor im Schnitt angegeben. Auf dem zur Ausführung gebrachten Fassadenblatt zeigt das rot angelegte Ziegeldach an First, Traufe und Gräten einen bläulich angelegten Schieferstreifen, auf dem andern Fassadenblatt sind auch noch die Dachgauben mit Schiefer eingedeckt. Diese heute noch an vielen alten Häusern auch im Schloßgebiet wahrnehmbare Vermischung von Ziegel- und Schiefereindeckung ist also eine historische Technik. Auf den Dachspitzen sind sehr elegante, jetzt nicht mehr vorhandene, gelb angelegte, also vergoldet gewesene Vasen aufgesetzt. Die Kartuschen über den beiden Einfahrtstoren zeigen die Wappen von Speyer und Weißenburg vereint mit demjenigen Huttens.

Ein grau angelegtes Grundrißblatt mit vielen rot angemalten Wänden, also ein Umbauprojekt, trägt die Aufschrift „praesentatum et approbatum die 3tia Aprilis 1776". Um diese Zeit ist die Tabakfabrik in eine Kaserne, und das zweite Tor, dessen Wappenschmuck noch erhalten ist, in ein Fenster umgewandelt worden.

Das bischöfliche Militär war ursprünglich in Privathäusern untergebracht. Im Jahre 1750 wurde, „um das Militaire aus

den Bürgerhäusern zur Erleichterung der Bürgerschaft verlegen zu können"[1] eine Kaserne gebaut. Der auf uns gekommene, vom 2. April 1750 datierte Grundrißentwurf mit
der Aufschrift „neye Caserne auf den Hirschgarten" rührt von
keinem geringeren als von Balthasar Neumann her. Es
ist das einzige Bruchsaler Blatt mit Neumanns Unterschrift.
Die bei aller Einfachheit monumentale Anlage der beiden
völlig symmetrischen Flügel mit vier stattlichen Treppenhäusern
und mit dem die beiden Gebäudehälften verbindenden Tor
ist eine des großen Baumeisters würdige Schöpfung.

Huttenstraße mit der von Balthasar Neumann erbauten Kaserne.

1761 hat Leonhard Stahl einen Lageplan „Über die gegend
der Neuen Caserne" aufgenommen und gezeichnet. („Mensur.
et Delin. Stahl Baumeister. Bruchsal d. 28. Aprilis 1761.")

---

[1] Bericht des Stadtrats an das Großh. Stadt- u. Landamt Bruchsal,
d. d. 16. Mai 1815, Stadtgemeinde Bruchsal.

1776 wird die Kaserne zur einen Hälfte in ein Zuchthaus (erste Etage Männer, zweite Weiber), zur anderen Hälfte in ein Waisenhaus umgewandelt. In letzterem sollen jederzeit städtische Findlinge und Waisenkinder, zwölf an der Zahl, verpflegt werden.[1]

1801 am 2. Dezember findet im oberen Saal des Waisenhauses ein großes Vokal- und Instrumentalkonzert statt, worinnen sich Demoiselle Kirchgeßner auf der Harmonika hören läßt.[2]

1802 ist in dem Waisenhause auf Befehl Sr. hochfürstl. Gnaden von der Hofkammer und dem Fabrikanten Zinngraf eine gemeinschaftliche „Strumpffabrique" etabliert worden.[3]

1804 wird der Flügel des Waisenhauses mit zum Zuchthaus eingerichtet.

Zu Lumpps Zeiten hat die Absicht bestanden, die Gebäudeanlage nach rückwärts zu verdoppeln und hier ein Zentralzuchthaus einzurichten. Auf dem von Lumpp gezeichneten Lageplan zu diesem Projekt trägt die Huttenstraße den Namen „Caffee Straße".

Der als Kaserne erbaute Gebäudekomplex ist jetzt der an der Huttenstraße gelegene Teil des Landesgefängnisses. Das Wappen über dem Eingang zur Verwaltung ist das Huttensche, das an der Wohnung des Anstaltsarztes ein offenbar von einem anderen Gebäude herrührender älterer Stein. An beiden Gebäuden deutet je ein mit Humor aufgefaßter geharnischter Soldatenkopf in der Mittelachse den ursprünglichen Zweck der Anlage an.

Die ehemalige Tabakfabrik diente bis vor kurzem als Dra-

---

[1] Extractus Protocolli Senatus v. 2 t. Nov. 1776.
[2] Bruchs. Wochenblatt.
[3] G. L. A. K., 940, Verwaltungssachen.

gonerkaserne. Bald wird das ehrwürdige Gebäude nur noch in
der durch alte Pläne unterstützten Erinnerung fortleben.

An dem „neu zu bauenden"

Seminar [25ᵇ] u. Landhospital [25ᵃ]

hat am 16. September 1725 „M. C. Rohrer architectus die Aus-
grabung der Fundamenten ausgemessen".[1]

Beziehungen Rohrers zu den gleichzeitig in Arbeit befindlichen Rohbauarbeiten des Schlosses sind noch zu suchen, die
Wahrscheinlichkeit seiner Beteiligung ist groß. Bei der Art,
wie Balthasar Neumann von auswärts als Kapazität über dem
Bruchsaler Schloßbau schwebte, darf für Bruchsal selbst die
Anwesenheit eines Meisters von erstem Rang, solange Neumann lebte [† 1753], gar nicht angenommen werden. Der
jugendliche Leonhard Stahl mag sich zu Lebzeiten seines
Vaters [† 1755] vielleicht noch untergeordnet haben. Die sonst
verdienstvolle Arbeit Kellers[2] über Balthasar Neumann bringt
die Frage nach dem Urheber des Gesamtplanes ihrer Lösung
nicht näher. Die mißliche Verwechslung von Corps de Logis
und Kammerflügel hat Keller von Remmling[3] übernommen,
die Scheidung Stahls in Vater und Sohn hat er übersehen.

Am 20. Juni 1725 wird berichtet, daß der zu unserem Seminario
und Land-Hospitalbau bestellt gewesene Bürger und Maurermeister
Franz Kretsch vor einigen Tagen gestorben sei, daher die Arbeit da-
nieder liege. Das Bauamt macht den Vorschlag, „einen bey unserem
residenz Bau dermahlen arbeitenden Maurergesellen mit nahmen An-
toni Simbler zu übernehmen". Auch wird in Kislau gefragt, ob der
dortige Maurer zu haben sei.

Im Jahre 1726 ist „ein Musquetier wegen ohnachtsambkeit auf

---

[1] G. L. B. K., Bruchsal generalia, 1723—1766.

[2] Balthasar Neumann, Eine Studie zur Kunstgesch. des 18. Jh. Würzburg, E. Bauer, 1896.

[3] Gesch. d. Fürstbischöfe von Speyer, Mainz 1852—1854.

seinem Posten zu applanirung von 15 ruthen grund auf unserm Semi-
nari u. hospitalplatz vom griegsrecht condamnirt worden".

1727 wird ein tüchtiger Zimmermann gesucht, damit das Gebäude
vor Winter unter Dach gebracht wird.

1729, am 21. November findet die Bauabnahme statt.[1]

Über den an den Kirchturm anschließenden Gebäudeteil ist ein
von L. Stahl gezeichneter Grundriß vorhanden, mit der Überschrift:
„Grund Lage der Logirung deren Pages im Seminario betreffend". Die
einzelnen Räume haben folgende Bezeichnungen: „Stiege zur Pagerie.
Zimmer für die Exercitien als Fechten, Tantzen etc., Kranken Zimmer,
Page Hoffmeisters Wohn- und Schlafzimmer, deren 4 Pages Schlafzimmer". In letzterem ist für jeden Pagen ein besonderer Verschlag
mit Bettstatt eingerichtet.

Anläßlich der Gründung des Stirumhospitals[2], das in dem Gebäude der alten Schule 1777 eingerichtet wird, weist Bischof Stirum
„pro scholis studiosorum" die ehemals zur General-Ausspendungs-Casse
gehörigen an dem Seminariumsbau anstoßenden drey ansehnliche u.
räumliche Häuser zum Gymnasio u. Schulen" an.[3]

Jetzt ist das Gymnasium in den Räumen des ehemaligen
Seminars [25b] untergebracht.

Über dem Hauptportal ist ein dreifaches gußeisernes Wappen
angebracht, links das Bistumswappen, rechts der Schönbornsche
Löwe, unten die zwei Kreuze der Teutschordens Commenthureien.
Abgüsse dieser von einem Kardinalshut bekrönten Tafel sind in
vielen Exemplaren erhalten. In Stein gehauen ist das nämliche
dreifache Wappen in je zwei Exemplaren am Kammer- und Kirchenflügel zu sehen.

In der

Bauschreiberei [25c]

wird 1833 die herrschaftliche Wohnung, welche Herr Oberleutnant
Beckert seither bewohnte, ausgeschrieben.

---

[1] G. L. A. K., Bruchsal, generalia.

[2] Die Geschichte des Stirumhospitals, über die der Verfasser im Jahre
1904 im Frauenverein zu Bruchsal einen Vortrag gehalten hat, wird besonders bearbeitet werden.

[3] G. L. A. K., Barmherz. Brüder-Spital 840.

Der große Dienerbau [26]

ist eine mit dem Seminar völlig symmetrische Anlage. Über dem mittleren Portal ist das nämliche gußeiserne Wappen angebracht. Das Gebäude wurde, ausweislich alter Grundrisse, in seinem Innern öfters, auch schon im 18. Jahrhundert umgebaut.

Nach den von Lumpp gezeichneten Grundrissen war das Gebäude, von Norden nach Süden folgend, je in zwei Stockwerken bewohnt von dem Stadtdirektor, der Witwe Groß, dem Obereinnehmer, dem Oberamtmann Guhmann, dem Domänenverwalter und dem Hofrat Machauer.

1873 wird der Gebäudeteil zwischen Obereinnehmerei und Domänenverwaltung, der damals von Bezirksingenieur Barck bewohnt war, als Bezirksforstei eingerichtet. Bis 1878 amtierte hier Oberförster Menzer und nach diesem bis 1904 Forstmeister Hamm. Am nördlichen Ende des Hauses war bis 1904 die Amtsvorstandswohnung (zuletzt Oberamtmann Beck), jetzt ist das Forstamt (Forstmeister Schimpf) hierher verlegt. Ein abermaliger Umbau steht bevor.

Das Hirschtor [27].

Am 14. August 1730 wird berichtet[1], daß „die neue Stattmauer gegen dem Honecker an die Stattmauer würcklich angehengt und völlig fertig seye, dsgl. die 2 Thor gegen die Capuciner u. dem Bauhoff, das 3te hinter dem Hirsch seye auch angefangen, es fehle nur an dem Eichenholz, umb die Thor verschlüssig zu machen". In demselben Bericht wird die durch den Torbau notwendig gewordene Versetzung der Hirsch-Wirts-Scheuer erwähnt.

1835 wird im Bruchsaler Wochenblatt die Wohnung rechts im Hirschtor, bestehend aus 3 Zimmern, 1 Kammer, Küche, Speicher, Keller und Holzplatz, zur Vermietung ausgeschrieben.

---

[1] G. L. A. K., Fürstentum Bruchsal.

1851 hat die Wohnung auf der linken Seite des Hirschtors Pedell Dolls Witwe inne, auf der rechten, südlichen Seite wohnt 1862 Schneidermeister Schnepf.

1862 bietet der Besitzer der Bierbrauerei Fortuna, Lutz, 100 fl, wenn das Hirschtor abgebrochen wird. Bauinspektor Breisacher befürwortet den Abbruch. Genaue Grundrißaufnahmen des Tores von Waldschütz und Aufrißskizzen Breisachers mit einem Schaubild des Platzes nach dem beabsichtigten Abbruch sind erhalten.

Im Bruchsaler Wochenblatt vom 30. Oktober 1862, Nr. 128, schreibt Breisacher das Hirschtor auf den Abbruch aus.

1863 wird das Tor abgebrochen.

Den beiden Klepperstallungen gegenüber liegt je ein

Remisenbau [28 u. 34].

Von einem der beiden völlig symmetrischen Gebäude ist ein Plan mit zwei Grundrissen und einer Längsfassade, nach Papier und Zeichnungstechnik aus der Entstehungszeit des Baues, aber ohne jede Aufschrift, erhalten. Vom

südlichen Remisenbau [28]

sind zwei von Lumpp unterzeichnete Grundrisse erhalten, wonach der nördliche Pavillon als Amtsrevisoratswohnung, der südliche als diejenige des Polizeikommissärs Mohr († 1838) diente. Die erstere Wohnung hatte im Jahre 1830 Amtsrevisor Ganter inne, 1846 Amtsrevisor Schnaibel, 1851 Amtsrevisor Jauch, 1872 Amtmann Jung, 1876 Amtmann Kopp, 1878 Amtmann Muth, 1882 Amtmann Dr. Groos, 1884 Amtmann Buch, 1885 Amtmann Dr. Gautier, 1886 Amtmann Dr. Genzken, 1887 Amtmann Dr. Schlusser, 1889 Amtmann Nußbaum, 1890 Amtmann Dr. Asal, 1892 Amtmann Dr. Kron, 1894 Amtmann Hörst, 1897 Amtmann Hofmann, 1902 Amtmann Arnsperger. Die andere Wohnung ging 1838 gegen eine Miete von 175 fl auf Kanzleirat Jochim über.

Seit 1847 wohnt hier Hofdiakonus Wölfel, 1880 Stadtpfarrer Degen, 1901 Stapfarrer Werner.   1847 sollte aus einem Remisenjoch ein Zimmer gemacht werden.· Das Projekt wurde erst 1883

Südlicher Remisenbau.

verwirklicht. 1892 wurde ein weiteres Remisenjoch zur Vergrößerung der Amtmannswohnung in ein Zimmer verwandelt. Nach einem von Waldschütz gezeichneten Grundriß des

nördlichen Remisenbaues [34]

wohnte hier, nördlich von der Remise, Amtmann Benitz und von 1835—1857 Amtmann Kunz, südlich der evangelische Schullehrer.

1837 wird die Amtmannswohnung vom Forstetat übernommen, dagegen die bisherige Bezirksförsterswohnung an den Kameraletat abgetreten.

1845 wird dem Bezirksförster Laurop bei seiner Dienstwohnung neben dem Damianstor ein Pferdestall und Wagenschopf projektiert und 1846 genehmigt.

1846 wird der Vorschlag gemacht, die Remise des städtischen Leichenwagens in ein Zimmer umzubauen.

1847 wohnt hier Oberförster von Girardi. 1851 wurden zwei Remisenjoche in Zimmer umgewandelt. Auf einem Situationsplan von 1875 trägt die nördliche Hälfte die Bezeichnung „Forsthaus", die südliche „eh. ev. Schule". 1882 werden in dem Gebäude sechs Zuchthausaufseherwohnungen eingerichtet.

Das Forstamtsgebäude [29],

durch das in Stein gehauene Schönbornsche Wappen ausgezeichnet, trägt auf dem Grundriß von Waldschütz die Bezeichnung „Oberforstamtsgebäude". 1840 wohnt hier Forstmeister von Rotberg (die Küche, die bisher nicht im Haus, sondern in einem Hofgebäude untergebracht war, wird 1840 ins Haus, dagegen das Bureau mit Registratur in das Hofgebäude verlegt), 1844 Forstmeister von Eichrot, 1848 Oberforstmeister Arnsperger. 1849 wird das Haus dem Großherzoglichen Kameral-Domänenetat überwiesen und vermietet an Hofgerichtsrat Buisson, 1862 an Major von La Roche, 1864 an Leutnant von Gemmingen, 1865 an Rittmeister von Schilling, 1868 an Leutnant Géniol, 1871 an Major von Stöcklern, 1879 an Rittmeister Dallmer, 1881 an Rittmeister Wachs, 1882 dem Justizetat, der die Wohnung dem Oberamtsrichter von Stockhorner, 1894 dem Oberamtsrichter Bechtold, 1896 dem Oberamtsrichter Mayer und 1905 dem Oberamtsrichter Joachim übergibt.

Das kleine hierzu gehörige

Jagdamt [31]

hat ein gebrochenes Dach, dessen unterer Teil geschwungen ist. Ein alter auf grobem Papier gezeichneter Werkplan mit Grundriß, Längsansicht und Querschnitt hat auf der Rückseite die mit Tinte

gefertigte, nicht ursprüngliche, aber alte Aufschrift „No. 13 der Riß
des Jagdamtes und Buchbinder Baues" und mit Bleistift die spätere
Aufschrift „Bruchsal Polizey Bureau in Residenz Vorstadt".

Im Jahre 1848 hat die Stadt das Häuschen vom Großh. Domänenetat in Miete. 1850, den 30. Dezember schreibt die Großh.
Garnisonskommandantur, daß die hier untergebrachte Wachmann-
schaft darüber klage, daß sich das Wachzimmer nicht genügend
erwärmen lasse. 1853 schreibt die Bezirksbauinspektion, daß das
sogenannte Jagdamtshäuschen seither als Wachstube, besonders
von der städtischen Nachtwache benutzt wurde. 1854, am 5. Oktober bezieht Gendarm Zimmermann das Häuschen als Mietwoh-
nung. 1864 wird das Jagdamtshäuschen vom Domänenetat auf
den Amtskassenetat überwiesen. Bei diesem Anlaß schätzt die
Bezirksbauinspektion den Bauwert auf 1100 fl. Von nun an heißt
das Häuschen „der erste kleine Kanzleibau", das gegenüberliegende
„der zweite kleine Kanzleibau". Werkaufseher Jos. Mayer vom
Zellengefängnis, später Amtsgerichtsdiener, begnügt sich noch mit
dem ersten kleinen Kanzleibau, sein Nachfolger, Amtsgerichtsdiener
Lohnert, bewohnt bis 1884 beide Kanzleibauten, die seit 1878 auf
den Justizetat übergegangen sind und seit 1885 vom Amtsgericht
als Registraturräume verwendet werden.

Der Kanzleibau [30]

tritt durch sein monumentales Mansarddach mit unterer geschweif-
ter Dachfläche und der oberen steilen Dachhälfte mit Plattform
und Uhrtürmchen ganz besonders in die Erscheinung.

Auffallend ist der durch den Grundriß nicht begründete
hintere Abschluß des Gebäudes, der offenbar nur der übertriebe-
nen Sucht nach einer nur auf dem Papier wirkenden formvollen-
deten Schönheit der Gesamtdisposition sein Dasein verdankt.

Schönborn beabsichtigt „den Cantzleybau" im Jahre 1729

anzufangen.[1] 1746 wird in dem Kanzleibau eine Änderung vorgenommen, so „daß die Archiven undt registraturen in den untern
gewöhlmten stock kommen".[2]

In der S. 45 erwähnten „Designatio" Stahls von 1770 steht
unter anderm „die Belegung mit 5zölligen Blatten deren Altanen
auff dem Cantzley Bau".

Auf den Grundrissen von Waldschütz trägt das Gebäude die
Bezeichnung „Amthaus". Baumeister Schwarz schreibt im Jahre
1825: „der Kanzleibau ist in einer Art gebaut, daß dahin nichts
paßt als Kanzleien".

Nach einer vorliegenden Zeichnung von 1876 war beabsichtigt, Gefängniszellen und eine Gefangenwartswohnung in den
3. Stock und nach einer weiteren Zeichnung von 1827 in den
Mansardstock einzubauen.

1878 wird der Schöffensaal in das Amthaus gelegt. Jetzt
dient das ganze Gebäude als Amtsgericht.

1884 wird die ruinöse Brüstungsgalerie mit einem Aufwand
von 1300 Mark erneuert. Das Großherzogliche Ministerium des
Innern hatte die Frage aufgeworfen, ob sich nicht, im Hinblick
auf den sehr erheblichen Reparaturaufwand die völlige Entfernung
der Galerie statt deren Wiederherstellung empfehle. Nur dem
energischen Hinweis Knoderers auf die große Bedeutung dieses
Gebäudes in der streng symmetrischen Totalanlage des Schloßbe-
zirkes ist die Erhaltung der Galerie zu danken.

Die sogenannte

Kommandantenwohnung [33]

wird auf den Grundrissen von Waldschütz „Forstverwaltungs-
gebäude" genannt.

---

[1] Brief an Neumann v. 25. Jenner 1729, Ztschr. f. Gesch. d. Ob.-Rheins,
N. F. Bd. XIV, Heft 3.

[2] Promemoria Neumanns ebenda.

Bis 1834 wohnte hier Forstkassier Sonntag, dann diente das Haus als Domänenverwaltungsgebäude.

1847, den 12. April, wird ein „Voranschlag über einige in dem dermaligen Dom. Verw. Gebäude für den Commandanten der hiesigen Garnison notwendige Verbesserungen genehmigt". U. a. werden in diesem Jahre größere Dachgauben aufgesetzt. „Fußböden mit Ort- und Kreuzfries" werden erwähnt.

1849 wird im Bruchsaler Wochenblatt „das frühere Domainenverwaltungsgebäude zur Wiedervermietung im Wege der Submission" ausgeschrieben. Im selben Jahre wird ein Mietvertrag mit Rittmeister Freiherrn von Seldenek, der bisher in der Hofapotheke [20] gewohnt hatte, abgeschlossen.

1851 wird das Wohnhaus des Majors von Seldenek für die Großh. Garnisons-Kommandantschaft eingerichtet, zunächst für Oberst Hilpert.

1854 wird das Haus „die ärarische Wohnung des jeweiligen Garnisons-Commandanten" genannt. Kommandant war in diesem Jahr Oberstleutnant Freiherr von Freystedt, 1862 Oberst von Beust, 1863 Oberstleutnant von Degenfeld, 1864 Oberst von Wechmar, 1866 Oberst Freiherr von La Roche, 1869 Oberstleutnant Freiherr von Gemmingen, 1871 Major Graf Stragwitz, 1879 Oberstleutnant von Heister, 1886 Major von Bause, 1890 Oberstleutnant von Uslar, 1895 Major von Longchamps, 1899 Oberstleutnant Kühne, seit 1903 Oberstleutnant Eben.

Das Zeughaus [32].

„Das kleine Zeüchhauß worein mann Regiment stuck, undt kleinere stuck und toppelhacken verwahren kann in dem vorplatz neben des Cantzeley Baus linckerhandt" wird in Neumanns „Promemoir" von 1746[1] erwähnt; es ist völlig gleich dem gegenüberliegenden Jagdamthäuschen und erhielt mit jenem später den Namen kleiner Kanzleibau.

---

[1] S. Fußnote 2, S. 67.

Das Damianstor [35]

ist das einzige auf uns gekommene Tor, das bei der Anlage der neuen Residenz, der Damiansburg, entstanden ist. Von der ursprünglichen Gestalt sind alte Grundrisse erhalten. Genaue spätere Grundrißaufnahmen hat Waldschütz hinterlassen.

1853 und 59 wurden Pläne zur Herstellung je eines Durchganges neben der Durchfahrt angefertigt.

Ein Projekt vom Jahre 1871 über „Erhöhung der Flügelbauten beim Damiansthor" kam glücklicherweise nicht zur Ausführung.

1901 gibt die Großherzogliche Baudirektion ihre Zustimmung zur „Wiederherstellung des Damiansthors im alten Stile, da positive Unterlagen für die Wiederherstellung in den vorhandenen Farbspuren erhalten geblieben sind". Die Ausführung erfolgte im selben Jahre durch Oberbauinspektor Lang.

Die Wohnung westlich vom Damianstor [35b] wird im Jahre 1833 von Hofrat Diemer und im Jahre 1835 von Dr. Longatti bewohnt. Wegen versuchten Einbruches wird 1835 eine neue Haustüre angebracht. 1837 erhält Dr. Longattis Witwe einen neuen Ofen. Von 1848 bis 1850 wohnt hier Werkmeister Mathes, dann nacheinander Werkmeister Hager und Aufseher J. B. Woiber.

1865 geht die Wohnung an die Zellengefängnis-Verwaltung über und wird zwei Aufsehern gegeben.

1885 wird die Wohnung durch Brand (s. S. 38) zerstört und 1886 wieder hergerichtet.

Die Wohnung östlich vom Damianstor [35a] war im Jahre 1835 an zwei Witwen vermietet.

1847 zieht Hofgerichts-Expeditor Hammes ein, 1850 Kanzleirat Joachim, 1856 Revident Zimmermann. Seit 1861 sind Aufseherwohnungen eingerichtet.

Das Wohnhaus des Hofgärtners [36].

1837 wohnt hier Hofgärtner Zahn, 1850 Schloßgartenpächter Langenbach, 1853 Schloßgartenpächter Stöckle, 1876 des letzteren Witwe, 1882 Schloßgartenpächter Siegele.

Dieser gibt den zweiten Stock in Aftermiete an einen „verheirateten Professoren des hiesigen International-Institutes", 1886 an den Premierleutnant Cour und 1888 an den Leutnant Barth, 1897 zog der jetzige Pächter Hagenmaier auf.

1797 wurde der Plan zu einem neu zu erbauenden Stall [36ᵃ], Waschküche und Kammer im Hofgarten hinter dem Hofgärtner Scheidloh angefertigt.

Die Hofkaplanswohnung [39]

hat im Jahre 1830 der Sekretär Becker, dann der Geometer Müller und seit 1847 des Hofkonditors Hartmanns Witwe inne. Die Tochter der letzteren, die ledige Apollonia Hartmann, richtet im Jahre 1862 „die demüthigste Bitte" an das Finanzministerium und schließlich an Seine Königliche Hoheit den Großherzog, man möchte ihr das Häuschen belassen. Nach ihr war Pfarrer Vogel und bis Weihnachten 1876 Wagenrevident Lutz Mieter. Seither hat die Großherzogliche Männerzuchthausverwaltung die Hofkaplanswohnung übernommen.

Die Jägerswohnung [38],

nach einem alten Plan „des Mundschenken quartir", nach einer späteren Bleistiftaufschrift auf diesem Plan „die zweite Gärtnerwohnung im Hofgarten" genannt, dient 1832 als Dienstwohnung des Forstmeisters von St. Andrés, 1835 als solche des Bezirksförsters Laurop. 1839 mietete Revierförster Nast das Haus. 1848 anläßlich des Einzugs des Kanzleirats Mayer vom Hofgericht werden „die ruinosen Dachgaupengestelle" durch neue größere ersetzt.

1863 ist Stabsquartiermeister Kamm Mieter, 1870 Registrator Ottendörfer, 1875 Amtsrevident Weiler. Jetzt hat die Großherzogliche Männerzuchthausverwaltung zwei Wohnungen hier.

Die Kammerdienerwohnung [37]

wird 1847 dem Fiskalanwalt Bayer überlassen. Der Antrag des Bewohners, den ganzen dritten Stock des Gebäudes wohnbar einzurichten und mit größeren Fenstern zu versehen, wird vom Finanzministerium nicht genehmigt, „weil die Herstellung größerer Mansardenfenster an diesem Gebäude die gleiche Einrichtung an dem gegenüberliegenden zur nothwendigen Folge haben müßte, wenn man anderst das architectonische Ensemble des Schloßanblicks von der Eisenbahn aus nicht auf gröbliche Weise stören will".[1]

1851 zieht Dekan Bachmann ein, 1855 der Amtmann und später Hofgerichtsrat Lacoste, 1864 Rechnungsrat Hahn.

1874 werden die Dienst- und Wohnräume der Wasser- und Straßenbauinspektion für den von Emmendingen hierher versetzten Bezirksingenieur Binder in der sogenannten Kammerdienerwohnung eingerichtet.

1880 wohnt hier Rendant Volkmann, 1881 Oberstleutnant Engler, 1882 Oberstleutnant und Bezirkskommandeur von Voigtskönig, 1890 Obersteuerkommissär Tröndle. 1894 wird die Bezirksforstei Odenheim nach Bruchsal verlegt und die Kammerdienerwohnung dem Vorstand Oberförster Herold übergeben. Oberzahlmeister Tietze bewohnt das Haus seit 1897.

Ein Treibhaus [39ª]

ist auf dem großen Wasserleitungsprojekt[2] eingezeichnet und „glashaus" genannt. Ein sehr schönes Projekt zu einem Treibhaus, unterzeichnet „Inv. J. L. Stahl HfCrth und Architect 1772", hat die Aufschrift „Projekt zu einem Treibhaus mit einem halben Dach zu 2 abtheyllungen und 4 Öffen mit Canal nebst einer besonderen Einrichtung, wodurch oberhalb zu beseren würkung die Fenster schreger und winkel Rechter gegen die Einfallende Sonne gestellet

---

[1] Erl. v. 26. Aug. 1847, Nr. 6334.
[2] S. S. 73.

u. die darauf befindliche Läthen mit Rollen unter das Dach und dessen gesimms auffgezogen werden können".

Die sogenannte

Speirer Dragonerkaserne [40—45].

Auf einem alten Plan (Grundriß und Ansicht) steht hinten: „Plan des Circul Gebäudes der ehemaligen Hussarenstallung und der zweien Pavillons rechter Hand des Ausgangs beim Hof-garten". Nr. 41 war „des Fasanen Jäger seyn quadier", Nr. 43 „des Tragoner wacht Meister quadier".

1826 wird die Bauinspektion zum Bericht über die Ausführbarkeit des Abbruchs der inneren Hälfte der Gardedragonerkaserne im Schloßgarten aufgefordert. Um diese Zeit wird bewohnt: Nr. 43 vom Torhüter Nobis, Nr. 42 von armen Familien teils gratis, teils um geringe Miete, Nr. 40 ebenso, Nr. 41 von Beiförster Maul.

1830 beschließt die Hof-Domänenkammer „2 kleine Häuser von der ehemaligen Speyerischen Dragoner-kaserne im Schlossgarten zu Bruchsal auf den Abbruch versteigern und mit dem Erlös daraus die heyden andern Häuser für den Beyjäger und den Thorwart wieder herstellen zu lassen". Bei der am 16. August 1831 vorgenommenen Versteigerung bietet für beide Häuschen zusammen der Zimmermeister Hetterich 505 fl.

In dem stehenbleibenden Haus Nr. 43 wohnt bis 1852 die Witwe Maul, dann Bahnwart Stegmüller. 1877 erhält Domänenwaldhüter Huber das Häuschen als Dienstwohnung, nach ihm Gebäudeaufseher Engel und Gebäudeaufseher Epp.

In dem gegenüberliegenden Haus Nr. 42 wohnt 1840 und die folgenden Jahre Torwart Ottendörfer, 1877 Schloßgartenaufseher Huber und seit 1894 Waldhüter Weinlein.

An die Speierer Dragonerkaserne anschließend waren beiderseits große

Hundezwinger [46, 47]

angelegt. Ein „einzuheizendes Zimmer für die Hunde in Winters-
zeit" und ein „Zimmer für kranke Hunde" auf den alten Plänen
zeigen die besondere Fürsorge, die man dieser schon durch ihre
große Ausdehnung auffallenden Anlage schenkte.

In Nr. 14 des Bruchsaler Wochenblattes vom Jahre 1832
schreibt die Großh. Domänenverwaltung (gez. Engesser) die zwei
Mauern bei der speierschen Dragonerkaserne im unteren Schloßgarten nebst den dort befindlichen Hundeställen zum Abbruch aus.

Die Wasserversorgung

für das ganze Schloßgebiet und den Park, eine großzügige Anlage,
durch Balthasar Neumann, der in seinem Promemoria von 1746[1]
darüber berichtet, noch verbessert, ist auf einem alten Plan aus-
führlich dargestellt.[2] Das Reservoir, auf dem Plan „Reserefe" ge-

---

[1] S. S. 67.

[2] Der Beschrieb dieses Planes lautet:

„Aus deilung Von dem brunnen werk

N. 1   Ist der Neuhe Eingerichten Rorrbach brunnen.

N. 2   Weist ein Ror in die Reserefe, wann die brunnen stuben solt gesäu-
beret werden.

N. 3   ist die brunnen stuben, alwo die austeilung zu dem trinkwasser dar-
von Endzogen werden.

N. 4   ist die Reserefe, wo von die aus Teilung in den garden geschigt.

N. 5   ist das Ror zum drink wasser.

N. 6   ist das Ror zur seuberung deren brunn stuben.

N. 7   ist der weithen Rus und Stok brunen.

N. 8   ist ein Ror mit Ein gemauret worden in die Reserefe zur Vorsorg
wann es solte Ihro Hochfürstl. gnadten gnädigst wohl gefahlen solten
dran haben Noch mer spring imb garden ein gericht haben wohlen
dieses Ror zu gebrauchen.

N. 9   ist das Haubt Ror welches Von der Reserefe in garden kommed.

N. 10 weist ein Ror in die Reserefe Von weiten Rus und stok brunen.

N. 11 ist Ein brunen stuben zur ausdeilung an den 4 brunen Vor der wacht
und kantzley bau, wo sig N. 13 befined wird auch einen granen eingerichtet gott sey der Vor wann solt ein füher aus kommen und

nannt (wie man heute noch in Bruchsal die ganze Gegend bezeichnet) ist erhalten und noch im Betrieb als Bestandteil der
heutigen Wasserversorgung von Bruchsal.

Auf die Umfassungsmauern des Reservoirs baute Franz
Christoph von Hutten ein Lustschlößchen

---

wird auch ein Ror geführet an das Simnareium und bedinden bau.
wo sig N. 12 befined und in dieser brunen stuben kann Mann auch
ein richten auf Corpus Christe fest wann etwann Ihro Hochfürstl.
gnadten solten wohl gefahlen darann haben, mit Einer schönen wasser
kunst ein richten.

N. 14 ist abfahl wasser zu dem H. geheimen Rath von Karig und H. von
Deüring.

N. 15 ist abfahl wasser in die beiten Mastell [d. i. Marstall].

N. 16 ist abfahl wasser und wird in die Basghage geführeth alwo sig N. 29
befint.

N. 17 ist ein brunen stuben wo sig die aus teilung zu denen Küchen wie
auch an die beithen brunen imb schlos blatze alwo sig N. 18 befinet.

N. 19 sein die beithen küchen brunnen.

N. 20 ist abfahl in das waschhaus.

N. 21 ist abfahl in die Basghage wo sich N. 29 befined.

N. 22 ist ein brunen stuben zur feühers Not mit einem granen.

N. 23 ist ein brunen stuben zur feühers not mit einem granen.

N. 24 ist ein Ror alwo die gante Hof Haltung Ihr Trinkwasser da zu lang.

N. 25 ist abfahl wasser lauf in die Basghag wo sig N. 29 befinet.

N. 26 ist ein brunen stuben mit ein granen wann solte ein feüher aus kommen das wasser zu Rück zu halten und so gleich ein Ror gezogen
in die Basghage wo sich N. 29 befined.

N. 27 ist abfal wasser und wird gezogen alwo sich N. 28. befined zur be-
giesung deren oranscherie weillen all da alle abfahl wasser zu samen
komm und das wasser am Matesten ist.

N. 29 ist ein Basghage mit einem schönen perla sprung.

N. 31 sein zwey brunnen stuben wo Von die aus deilung ist in die 4 Basghag wo sich N. 30 und 34 befined mit zwey perla sprung und zwey
spigel sprüng one die abfahl sprüng.

N. 32 ist abfahl wasser und wird in die Basghage gezogen alwo sig N. 34
befined.

N. 33 ist ein Ror, wann ihro Hochfürstl. gnadt gnadigst Erlauben zu drink
wasser Vor die gärdner und Husaren.

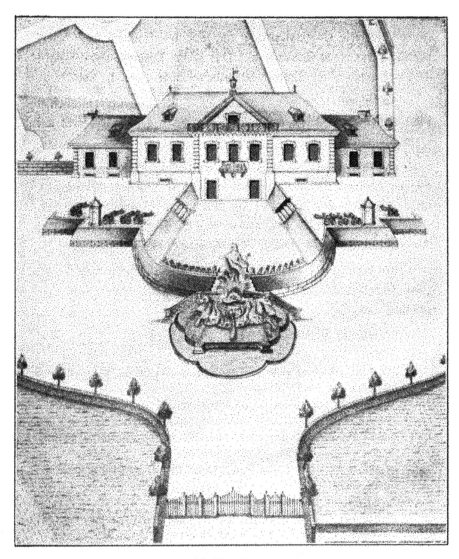

Die Wasserburg.

N. 35 ist ein Ror wann Ihro Hochfürstl. gnadten gnadtigst Erlauben mit einem schönen Vexier wasser mit Einem sietz. wann sich Jemand

die Wasserburg[1] [48].

Eine kolorierte Originalfassade mit der reich umrahmten Überschrift: „Das Neue Gebäude auf Das grose Reservat nebst Einem
Terrasse undt Einer Mauer" ist unterzeichnet „Del. L. Stahl".

Auf einem ebenfalls von „Leonard Stahl" unterschriebenen
Plan steht: „Grund Riß und Profill von Dem grosen Reservat auf
Dem Steinberg".

Auf einer alten Fassade (s. Abb.) ist an dem eisernen Geländer des
oberen Balkons das Monogramm Huttens (F und C verschlungen),
an demjenigen des unteren das Huttensche Wappen erkennbar.
Diese letzten Geländer sind der einzige Überrest der interessanten
Architektur, die leider einem Schulhausbau weichen mußte.

Im Jahre 1835 schreibt die Domänenverwaltung (gez. Ziehl)
„das Reserveschlößchen" im Bruchsaler Wochenblatt zur Vermietung aus.

Neben der Wasserburg erhebt sich

---

auf denn gemelten siets oder sessell setzed so sig selber so nas
machet bis er wider auf stehend.

N. 37 ist ein Rohr mit einem Vexier wasser mit einem Kegel spihl wann
Jemann die Kugell wiell auf Heben so springet das wasser aus den
Kegell und Machet sich gants nass bis er die Kugell wider losse
fahlen.

N. 38 ist abfahl wasser und wird in die beiten gemüs garden gezogen wo
N. 39 und 40 ist.

N. 41 ist abfalh und wird in das glashaus gezogen.

N. 43 ist der weyerberg brunen und lauft in band Hof und Simnarium und
bedinden bau alwo sig No. 44 und 45 et 46 befined.

N. 44 ist das abfahl wasser in die groth schwemb.

N. 45 ist Ein Rohr in die Cantory und abendeken.

N. 46 ist Ein Rohr in die bedinen Häusser.

N. 47 ist Ein Rohr in das spitahl und latrey.

[1] So wird das Haus in den Dom.-A.-Akten v. 1818 genannt.

der Belvedere [50].

Auf der auf S. 5 erwähnten Stadtansicht von C. Gemeinhard
fehlt dieses Bauwerk noch, es ist also etwas später als die

Der Belvedere.

Wasserburg gebaut worden. Talwärts aussichtspendend diente
das reizvolle Gebäude bergwärts als Schützenhaus. Auf der alten

Vogelperspektive (s. Abb.) ist in einiger Entfernung ein hoher Mast mit einem Vogel auf der Spitze als Ziel eingezeichnet. In den Domanialakten von 1818 lesen wir: „Belvedere genannt das Schies- haus". Am 21. und 22. August 1836 gibt laut Bruchsaler Wochen- blatt die hiesige Schützengesellschaft „auf der Wasserburg als der gewöhnlichen Schießstätte ein regulirtes Silberschießen im Werte von 200 fl.", 1837 „ein großes Freischießen".

Von der Plattform des ebenfalls in den Besitz der Stadt übergegangenen Belvedere genießen die Bruchsaler heute noch die schöne Aussicht.

Das dritte Gebäude [49] des Wasserburgbezirkes dient zur Zeit von Steinwarz als Wohnung der Witwe Ottendörfer und des Wirts Breuer.

Ein weiteres großes, zweistöckiges Gebäude mit Mansard- dach in einem Plan des älteren Schwarz in Grundrissen und einer Ansicht erhalten, scheint nie ausgeführt gewesen zu sein.

1877 kauft die Gemeinde die Reserve vom Großherzoglichen Ärar um 26 000 Mark.

Der herrschaftliche

Zimmerplatz [51]

diente bis 1853 dem Zimmermeister Hettrich als Werkplatz. Von 1853—1905 war die Garnisonsverwaltung hier untergebracht.

Der Schloßpark,

früher „der Hofgarten" und ursprünglich „der Fasanengarten" genannt, ist in seiner einstigen französischen, streng geometrischen Anordnung auf dem großen Wasserleitungsplan getreu dargestellt. Schon 1728 war „die ganze Mauer umb den Fasanen garthen förtig"[1], desgleichen „das große Bassein vorm Corps de logis gegen den garthen". „Hoff-Gärtner Sickora", der nach der Be- soldungsliste[2] vom Jahre 1738 ein jährliches Gehalt von 100 fl.

---

[1] Brief Schönborns an Neumann v. 25. Jan. 1729.
[2] G. L. A. K. Bruchsal Generalia.

und im Jahre 1743 ein solches in doppelter Höhe bezog, mag der Schöpfer der Gartenarchitektur gewesen sein. Aus dem großen Wasserleitungsplan geht deutlich hervor, daß dem Platz vor dem Corps de Logis mit dem großen Bassin durch horizontale tiefere Lage des übrigen Gartens die Wirkung einer Terrasse gegeben war.

Der Schloßpark.

Der Höhenunterschied war durch Treppen und Kaskaden ausgeglichen. Die jetzt wieder aufgestellten Figuren in der Mittelallee fehlen in dem alten Plan noch, sie stammen nach dem Monogramm Franz Christophs an den Sockeln der Hellebardiere erst aus Huttens Zeit. Vier von den Figuren, die vier Jahreszeiten, konnten im Original[1] nicht zurückerworben werden, man

---

[1] Im Besitz des Grafen Bismarck.

mußte sich mit der Aufstellung von wohlgelungenen Kopien des Bildhauers Weltring begnügen.

Nach einem alten Plan aus Huttens Zeit — der große Balkon am Corps de Logis ist bereits vorhanden — führten von den Ecken der beiden Orangeriegebäude nach den Treppen der beiden Mittelalleen Pergolagänge. Diese und die von je einer Toröffnung unterbrochenen Mauern zwischen dem Corps de Logis und den beiden Orangerien werden aus praktischen Gründen nicht wiederhergestellt.

Einem veränderten Zeitgeschmack folgend, vielleicht aber auch zum Teil durch die aus den Zeitverhältnissen heraus nur zu leicht erklärbare Vernachlässigung, verwandelte sich die französische Anlage in eine malerische romantische.

1835 wird das „Garten- und Badehäuschen rechterhand des unteren Schloßgartens" im Bruchsaler Wochenblatt auf den Abbruch versteigert.

1836 wird ebenda das Reiten und Fahren und das Totschlagen von Geflügel im Schloßgarten verboten.

1849 schreibt die Domänenverwaltung die Verpachtung des Schloßgartens auf zwölf Jahre aus.

Durch den Bahnbau wurde der Schloßgarten in einen oberen und einen unteren zerschnitten und die Einheit für immer zerstört. Nachdem nun längs des Bahndammes auch noch eine Straße gebaut wird, trat das Bedürfnis auf, dem oberen Teil durch einen Torbau bei den Häuschen 38 und 39 einen monumentalen Abschluß zu geben, dessen Ausführung bevorsteht.

Der Ehrenhof

zeigt bereits auf dem Wasserleitungsplan zwei Bassins und zwei regelmäßig eingefaßte rechteckige Felder um dieselben. Eine vollständig gepflasterte Fläche nach Versailler Muster scheint hier nie beabsichtigt gewesen zu sein. Die gärtnerische Anlage, wie wir sie bis vor kurzem sahen, wurde nach erhaltenen Plänen von Breisacher im Jahre 1852 angelegt und in den letzten Jahren vom Verschönerungsverein nach Kräften verschönert. Zur Wiedergewinnung der einstigen Stimmung des Ehrenhofes war die Verwandlung der malerischen Anlagen in ein geometrisches Formenspiel geboten.

Die Peterskirche,

das Mausoleum der Bruchsaler Bischöfe[1], zeigt in dem einen

Die Peterskirche.

---

[1] Nur August von Stirum, der außer Landes starb, ist nicht hier beigesetzt.

Fritz Hirsch, Das Bruchsaler Schloß im XIX. Jahrhundert.

Arm des griechischen Kreuzes den Rest einer früheren go-
tischen Peterskapelle. Daß Georg Stahl, der auf der Grab-
schrift (S. 22) der Erbauer der Kirche genannt wird, nicht der
eigentliche Urheber, sondern nur der Helfer Balthasar Neumanns
war, geht aus dessen Promemoria hervor.

Die Inschriften der Grabmonumente sind bei Stocker[1] ver-
zeichnet.

Bei Abnahme des Knopfes vom östlichen Kirchturme der
St. Peterskirche dahier im Jahre 1849[2] wurden in demselben, in
einem viereckigen bleiernen Kästchen aufbewahrt, gefunden:

1. In Baumwolle und Papier eingehüllte Reliquien von heiligen
   Gebeinen.

2. Eine silberne Münze, sehr gut noch erhalten, auf der einen
   Seite mit dem fürstbischöflichen Wappen, auf der andern
   mit dem Bildnis des heiligen Christophs, der mit dem Christus-
   kinde auf der rechten Schulter das Meer durchwatet; am
   Rande die Inschrift Psalm 15: „Der Herr steht mir zur
   Rechten, daß ich nicht wanke", und mit der Abbildung der
   St. Peterskirche.

3. Auf Pergament in lateinischer Sprache folgende Inschrift:
   „Unter des allbarmherzigen und höchsten Gottes Regierung
   und der heiligen Apostel Petrus und Paulus Schutz, unter
   dem römischen Papste Benedikt dem XIV., unter dem römischen Kaiser Karl dem VII., nach dem Ableben des höchst-
   berühmten und hochwürdigsten Kardinals von Schönborn,
   Bischofs von Speyer, der im Jahre 1742 am weißen Sonntage
   den Grundstein zu dieser Pfarrkirche legte, und dem Gott
   die ewige Ruhe verleihen wolle, hat sein unmittelbarer Nachfolger, der hochwürdigste und durchlauchtigste Fürst und

---

[1] S. Fußnote 1, S. 5.
[2] Bruchsaler Wochenblatt v. J. 1849.

Herr Herr Franz Christoph aus dem hochberühmten Hause L. B. v. Hutten zu Stolzenberg, Bischof von Speyer und Probst des Kapitels Weißenburg, des heiligen römischen Reiches Fürst, im 2. Jahre seiner Regierung und im 38. seines Alters den 8. Juni 1744 dieses prachtvolle Werk vollendet."

III. Teil.

Die Renovation

des Bruchsaler Schlosses stellte sich nach der genugsam ge-
schilderten, beinahe hundertjährigen Vernachlässigung immer mehr
als ein Gebot der Notwendigkeit heraus. Der Retter in der Not
— und die Not war groß — war hier kein restaurierungssüch-
tiger Architekt, auch nicht ein Minister. Die vox populi, — ich
freue mich, dies feststellen zu können, angesichts der gehässigen
Anfeindungen, denen eine idealen Aufgaben geneigte Regierung
heute gerade auf diesem Gebiet ihres ruhmvollen Wirkens ausgesetzt ist —, die Volksstimme hat die Initiative ergriffen. Im
Jahre 1894 hat der Abgeordnete Straub in der Zweiten Kammer
an die Regierung das Ersuchen gerichtet: „es möchte für die Erhaltung des Bruchsaler Schlosses mehr als bisher geschehen!"
Bauinspektor Knoderer hatte schon im Jahre 1881 erkannt, daß
der bauliche Zustand des Schlosses für die unmittelbar kommenden und einige weitere Budgetperioden einen Unterhaltungsauf-
wand erfordern werde, der sehr bedeutend über die Beträge
hinausgehe, die bis daher für diese Baulichkeiten aufgewendet
worden seien, wenn anders dieselben nicht in ruinösen Zustand
geraten sollen. Sein zaghafter Voranschlag belief sich auf
60000 Mark.

Auf Grund des Voranschlages von Oberbauinspektor Lang,
dessen Verdienst es bleibt, der Renovation den großen Schwung
gegeben zu haben, genehmigte die Zweite Kammer 1899/1900
100000, 1901/02 180000 und 1902/03 400000 Mark.

Ein weiterer Betrag von 300000 Mark wird nötig fallen,

um die gesamten Arbeiten zu einem befriedigenden Abschluß zu bringen.

Die glanzvolle Zeit Bruchsals ist dahin. Wir können nicht, wir wollen nicht das 18. Jahrhundert zurückrufen; das Milieu aber soll gebannt werden., in dem für den historisch fühlenden Menschen Bilder aus einem geistlichen Staat im 18. Jahrhundert Auferstehung feiern.

Anhang.

Die mehrfachen, gründlichen Zerstörungen Bruchsals durch die Franzosen haben nur einige wenige Zeugen der mittelalterlichen Stadt verschont. Denken wir uns diese paar Bauwerke und alle diejenigen hinweg, die in der Neuzeit entstanden sind — auch diese sind weder quantitativ noch qualitativ bedeutend genug, den Charakter der Stadt zu beeinflussen —, dann haben wir das Bruchsal des 18. Jahrhunderts, die Stadt der Bischöfe. Die Krone dieser Schöpfung bildet das Schloß, die Residenzvorstadt, die Damiansburg, wie sie der fürstbischöfliche Gründer nach sich nannte; aber auch der bauliche Gesamtorganismus der Stadt ist das logische Resultat fürstbischöflichen Willens. Es ist der Geist der bezwingenden Persönlichkeit, der aus dem Gesamtwerk spricht, der aber auch das Individuum so vollkommen beherrscht, daß dieses sich auflöst unter den Strahlen des Herrschergenies.

Unter den Bruchsaler Akten des Generallandesarchives in Karlsruhe befindet sich der Entwurf einer Bauordnung.[1] Datum und Unterschrift fehlen, das ganze atmet aber so sehr Schönborns Geist, daß an seiner Urheberschaft nicht zu zweifeln ist.

Unsere heutigen Bauordnungen enthalten manche an sich unscheinbare Paragraphen, die bei näherer Betrachtung eine entscheidende Wirkung auf die Ausgestaltung der Architektur ausüben. Die hier vorliegende Bauordnung, die im Gegensatz zu unseren heutigen Bauordnungen in der Hauptsache auf ästhetischen Gesichtspunkten aufgebaut ist, zwingt die Architektur in so weitgehender Weise unter ihr Szepter, daß hier die Bauordnung als Schlüssel der Erkenntnis bezeichnet werden muß.

---

[1] Gen. Fasz. 275.

Diese Erwägungen werden die Wiedergabe des Entwurfes rechtfertigen.

Entwurff einer Bauordnung.

Mit anordnung eines Bauamtes hat es die absicht, daß die Stadt nach dem exempel der Stadt Manheim, und anderer, um ihres Beßern aufnehmens willen nicht nur ordentlich, sauber und schön gebauet, sondern auch die Bürger zum Besten der Nachkommenschaft mit dauerhaften, schönen, und nach eines jeden stande und handthierung beqvem eingerichteten gebäuden versehen, und von denen Handwerksleuten, mit anforderung unbilliger Bau Kosten, nicht übernommen werden. Zu diesem ende nun würde einer von der Hfl. Regierung, einer von Hfl. Cammer, einer vom Stadt Rathe, ein verständiger ingenieur und Baumeister, dann ein Bauschreiber, so die Registraturen und Baurechnungen, zu besorgen hätte, zu diesem Collegio zu deputiren seyn, welche dann wöchentlich ein oder mehr mahlen in der Bau-amtsstube zusammen Kommen, und vermöge ihrer obhabenden pflichten dahin sehen müßten,

1.

Daß die thore, wege und einfahrten der stadt sauber, und in jedesmahliger guter Beßerung erhalten, auch

2.

um die ganze Stadt herum Spazier-gänge oder alleen von Linden- Nuß- oder Castanien Bäume angeleget, und durch einen von dem Bauamte hierzu eigentlich zu verpflichtenden verständigen landgärtner in gutem stande und nachpflanzung erhalten werden, welcher dann zugleich die obsicht über die an denen landstrassen, vermögs gdltr. Verordnung de an. 1724, zu pflanzenden Nußbäume haben, über dieses aber befehliget werden Könte, die gärten derer bauern und anderer auf dem Lande, fleißig zu visitiren, und mit rath und that denen leuten an die Hand zu gehen, damit aller orten gute und fruchtbare Obst-Bäume gesezt und gepfropfet, auch gemüse genung gebauet werde. Und hätte dieser sogenandte Landgärtner desfalls an das Bauamt öffteren Bericht zu erstatten.

3.

Hätte das Bauamt dahin zu sorgen, daß vom Stadt Rathe gewiße Leute bestellet würden, welche mit sogenanten Dreck-Karrens fleißig den auf denen gaßen zusammen gehäufelten Koth hinaus vor das thor führen müßten, zu welchem ende dann ein jeder Bürger vor seiner thür den unflath auf einen Hauffen Kehren laßen müste. Nicht weniger würden

4.

Gewiße Leute vom Stadt-Rathe anzuordnen seyn, welche das Pflaster der stadt fleißig visitieren, und, wo es schadhaft werden wollte, sogleich repariren müsten, welche pflasterer dann auch zugleich die wege und strassen nächst-außerhalb der Stadt besorgen Könten. Übrigens würde dahin zu sehen seyn, daß auf allen Gaßen das pflaster in der mitten erhöhet, und auf beyden seiten mit abzugsrinnen, so nach denen thoren zu abgeneiget seyn sollen, versehen werden, wonebst

5.

Sorge zu tragen, daß in anbauung neuer Häuser nach und nach die Gaßen bestmöglichst erweitert, und regulaire gebauet werden. Zu dem ende hat das Bau-Amt so gleich die dermahlige Lage der Stadt, so wie sie jezo stehet, mit ihren vorstädten, in einen accuraten Grundriß zu bringen, mit besonderer anzeigung aller und jeder Gebäude, auch seines ohnzielsezlichen Vorschlags wo, und wie nach und nach die bisherigen irregularitäten und unfüglichkeiten abzustellen seyn mögten.

Dieser Original grundriß müste von Gebäu zu Gebäude richtig numerirt, in triplo verfertiget, und von allen membris des Bauamts unterschrieben, in die Hochf. Regierung, auf das Rath-Hauß, und in das Bauamt selbst gegeben, auch die einlangenden jedesmahligen Berichte des Bauamts nach sothanen numeris und Bezeichnungen eingerichtet werden.

6.

Sollen die Brunnen Meister oder diejenigen von der Stadt, denen die obsicht derer Brunnen und waßerleitungen anvertrauet worden, an das Bau Amt mit pflichten gewiesen, und dahin Befehliget werden, daß auf allen Gaßen je vor dem zehenden Hause ein Pump-Brunnen mit doppelten ventilen: welche fast eben so guten effect thun als ein stets lauffender Brunnen: gegraben, und im stande erhalten werde, damit in feuers gefahr Kein mangel an waßer sey. Auf dem Marckte soll ein großer Steinern Springbrunnen, oder wenigstens ein Reservoir gebauet, die übrigen Brunnen alle aber wol verwahrt und verdeckt werden. Ob nun zwar dergleichen Brunnen das häuffige waßer aus denen Bürger-Kellern ziemlich abziehen, so würde doch

7.

Vom Bau Amte wol zu überlegen, und durch die nivellir oder waßer-wäge Kunst genau zu erforschen seyn, ob, wenn zu abzug des wassers aus denen Kellern ein tiefer trockener Stadtgraben gemachet würde, solcher seinen abfluß in den Saal-Bach haben Könne und, da dieses nicht angehen wollte, würden

8.

Die Keller unter denen Bürger Häussern nicht über 8 schuhe tieff, und zwar dergestallt zu graben seyn, daß sie auf dem Boden gegen die Gaßen zu abhängig, und unter dem Keller-loche ein kleines reservoir haben, worin alle feuchtigkeit zusammen lauffen müste, welche sodann vermittelst einer waßer-schraube, oder Keller-Pumpe durch das Kellerloch auf die Gaße heraus in die rinnen gepumpet, mithin auch die gaßen dadurch abgespület werden Könten, die hierzu beqvemen Keller-Pumpen würden durch vorsorge und angaben des Bauamts zu verfertigen, und jedem Haußwirthe davon eine zu geben seyn.

9.

Scheünen und Heüboden sollen wegen Feuers-Gefahr, und
um mehrern raum in der Stadt zu erlangen, innerhalb der Stadt
nicht geduldet, sondern nach und nach eine Besondere vorstadt
von scheunen und ställen angelegt, und mit einer Ring-mauer
versehen werden. Und hat

10.

Das Bau Amt sich überhaupt nach der Besondern Feüerordnung
zu achten, und darüber festiglich zu halten, daß derselben zu
wieder nicht gehandelt werde, wie dann die Sprüzenmeisters, Feuer-
Knechte, wasser-Knechte, und Schlotfegers an solches mit pflichten
zu weissen.

11.

Soll das Bauamt, oder wenigstens der Baumeister und
Bauschreiber alle qvartale alle Häuser der Stadt und der vorstädte
visitiren, und darüber nach ordnung ob bemeldeten original Grund-
rißes der Stadt, eine genaue Liste von numero zu numero halten,
und in dem darob zu erstattenden jedesmahligen Berichte anzeigen, wie die äuserlichen und innerlichen Beschaffenheiten, die
Keller, Zimmer, Feuermauern, speicher, tach, fach etc. befunden,
und was hin und wieder zu beßern und zu bauen seyn mögte,
wofür dann das Bauamt ohne weitere anfrage pflichtmäßige
sorge zu tragen hat.

Gestallten dann,

12.

Nicht das geringste, es sey nun in der Stadt, oder in denen vorstädten, an gemeinen oder an Privat gebäuden, gebauet und ge-
ändert werden soll, ohne des Bauamts vorwißen und direction,
welches

13.

Von jedem zu bauenden Hauße erstlich, einen accuraten Grundriß beyder stockwercke, zum andern einen aufriß, und drittens,
wo es nötig, einen Profil-riß zu verfertigen, und nebst einem des-

falls zu führendem Protocollo, und Bau-anschlage, im Bau-amts
Archivo bey zu legen hat, wobey dann

14.

Jedem, der sich zum bauen anmeldet, gleich anfangs der über-
schlag der Bau-Kosten nach der hiernächst anzufügenden Bau
amts taxordnung, so wol derer materialien, als des arbeits-
lohnes, pflichtmäßig zu machen, und auf alle weise dahin zu
sehen wäre, daß die bauenden Bürger mit ohnnötigen Kosten
nicht übernommen werden. Zu welchem ende

15.

Einem jeglichen welcher bauet, nicht nur diejenigen Freyheiten
so bisher landüblich, und durch besondere gnädigste Landesfürst-
liche Verordnungen bestätiget sind, angedeyen sollen, so balden
er sich nur behörigen ortes mit einem attestato des Bauamtes
desfalls legitimiren wird; sondern es soll auch

16.

Zu abstellung aller übrigen und ohnnötigen unkosten, denen pri-
vatis, alle aüserliche Zierrathen, stuccatur- mahler- und bildhauer-
arbeiten, auch saülen-pracht, und was dahin gehörig, schlechter
dings untersagt seyn, und sollen alle haüser, eins wie das andere,
von außen weiß angestrichen oder getünchet, die thür- und
fenster-verkleidungen aber sowol als die innern zierrathen von
denen Steinmezen nach denen Regeln der Dorischen gesims-
Ordnung (welche zuverhütung vieler weitläuffigkeiten und con-
fusionen einig und allein in dem Bauamte beyzubehalten) sauber
gehauen und ausgearbeitet werden, da hingegen

17.

Die publiquen gebäude (davon zuforderst der Riß zur gnädigsten
approbation an Hochf. Landes Herrschaft einzuschicken) mit
einem aüserlichen Saülen-ornat aus Dorischer ordnung, von denen
privat gebäuden nicht nur unterschieden, sondern auch womög-

lich auf freyen marckte und zwar 3 stockwerk oder 36 schuhe hoch gebauet werden Könten, da hingegen

18.

Die privat gebaüde durchgehends gleich, nur 2 stockwerk hoch, und zwar das unterste zu 14, das oberste zu 12 schuhe, und in der breite nicht über 30 schuh, gebauet werden sollen, wobey

19.

Kein anderes als das gewöhnliche Rheinländische schuh- und richt-maß zu gebrauchen, oder im Bau amte zu leyden,

20.

Alle und jede neu auf-zubauende Haüser sollen von stein gebauet und dabey bestmöglichst das holz- stroh- und schindelwerk vermieden werden, damit zum nuzen der nachkommen nicht nur die waldung geschonet, sondern auch dauerhaffte Haüser errichtet werden mögen, zumahl da soviel herrliche stein brüche im lande sind, und nach dem nr. 22 zu thuenden vorschlage sothane steinern gebaüde nicht höher als ein hölzernes zu stehen Käme,

21.

Müßen alle haüser, um mehrern lichtes willen, mit der qverseite gegen die gaße zu stehen, und die schändliche art, die Giebel heraus wärts zu bauen, wodurch die benachtbarten haüßer wegen der angehenckten tachtrauffe sehr beschädigt werden, schlechterdings abgestellet bleiben; folglich

22.

Alle tächer, so nicht mit schindeln oder stroh, sondern mit Ziegeln zu decken, dergestallt an einander stoßen, daß es scheine, als wäre es ein Hauß.

Und soll das Bau amt, solange es nicht eine beqvemere art der tach-stüle zum Vorschlage bringet, die tächer à la Mansarde durchgängig einführen, dabey aber nicht vergessen, daß

23.

Wegen feuers-gefahr ein hauß von dem andern von unten bis

durch das tach, mit tüchtigen Brandmauern, und zwar der
gestallt unterschieden werden solle, daß jedes Hauß zwischen
zweyen der gleichen mauern stehe, und je zwey und zwey
haüßer nicht eine doppelte, sondern nur eine einfache Brand-
mauer zu beßerer menage, zwischen sich haben. Weshalben
dann zu beobachten, daß ein jegliches hauß nicht mehr als
2 halbe, oder eine ganze Brand- und schiedsmauern zu bauen, und
in Beßerung zu erhalten habe, da hingegen die andere, dem
nachbar zu erhalten und zu bauen obliegt, folglich bey einem
Hause nie mehr als 3 mauern auf einen Bürger zu rechnen, tolg-
lich auch ein steinern gebaüde demselben nicht viel höher, als
sonst ein hölzernes zu stehen kommt. Wobey noch zu erinnern,
daß jedesmahls am ende einer straßen das lezte, dem markte
am nächsten gelegene Hauß, weil es vor denen andern das bene-
ficium des lichtes genießet, seine zwey wände allein zu bauen
und zu erhalten hat.

24.

Die aüserliche, und in die augen fallende gestallt derer
Haüser, sie mögen groß oder klein seyn, soll durchgehends überein, und zwar der gestallt eingerichtet werden, daß zwar die haußthür allezeit zwischen zweyen Brandmauern in die mitte komme,
übrigens aber durchgängig folgende, und keine andere maßen
beobachtet werden: und soll sein

die tieffe des kellers 8 schuhe,

die höhe des untersten stocks 14 schuh,

die höhe des Obern Stocks 12 schuhe,

die Breite des Hauses 30 schuhe,

    es mag auch solang seyn als

      es immer wolle.

Die höhe des Mansarden tachs, 15 schuh, weil es in einem
halben circui beschrieben wird.

Die dicke der mauern 2 schuh,

die Hausthür im lichten 9 schuh hoch und 5 schuh breit. Eines jeden fensters höhe 6 schuhe, und Breite 3 schuhe, der zwischenraum von einem fenster zum andern 3 schuhe, und wäre das über die Haußthür im zweyten stocke zu stehen kommende fenster auch hiernach einzurichten. So viel aber

25.

Die innere abtheilung und einrichtung derer haüser betrifft, so würde solche der geschicklichkeit und erfahrenheit des Bauamts anheim zu geben seyn, dieselbige nach eines jedweden Hauß-wirthsstande, handthierung und beqvemlichkeit dergestallt einzu-richten, damit weder die Geseze des wolstandes dadurch verlezt, noch der raum unnüzer weise verschwendet werde.

26.

Soll bey nahmhaffter unausbleiblicher straffe keine zum bauwesen gehöriger künstler, handwercksmann oder baudiener es seyn, bildhauer, mahler, stuccatur-arbeiter, Schreiner, Schlößer, Zimmerleute, maurer, Tüncher, Steinmezen, Glaser, Ziegeldecker, oder wie sie nahmen haben mögen, etwas bei dem bauwesen arbeiten, welcher sich nicht zuvor bey dem Bauamte examiniren und verpflichten laßen, auch die bauordnung, so viel in seine profeßion läufft beschworen hat, damit auch außer dem bauen kein Bürger von ihnen übertheüert werde. Zu diesem ende hätte das Bauamt besondere pflichts notuln zu entwerffen, und zur gnädigsten approbation einzuschicken.

Auch hat hiernächst

27.

Das Bauamt sorge zu tragen, daß allerley Künstler und Hand-wercker, nicht nur zum Bauwesen, sondern auch zu anderweitem aufnehmen der Stadt herbey gezogen, und mit verschaffung eines beständigen verdienstes aufgemuntert werden, wie dann insonderheit

28.

Die Steinmezen, Glaser, Schreiner, und Zimmerleüte, wenngleich nicht gebauet wird, beständig fort arbeiten, und die Fenstern und thür- auch kamin-verkleidungen, die tachstüle und die fenster in vorrath verfertigen können, weil sie die gewißen maßen all bereits wißen. Und könte ihnen der vorschuß hierzu vom Bauamte geschehen.

29.

Müßte die vornehmste sorge seyn, daß der Bauhoff und das Baumagazin allezeit einen guten vorrath von denen nötigen Baumaterialien habe, welche hiernächst denen bauenden mit eines leydlichen profit wieder zu überlaßen, und würde

30.

Insonderheit das Bauholz von jahren zu jahren zu rechter Zeit, und zwar im abnehmen des monds zu fällen, auch dahin zu sehen seyn, daß keine windschläge oder anderes ungesundes Holz irgendwo verbauet, mithin die dielen, latten, bohlen und bauholz, ehe es verarbeitet wird, über jahr und tag, an die Freye lufft und wetter geleget werden.

31.

Die großen maüer-stücken und bruchsteine, sollen durch die eigentl. hierzu bestelldte bauknechte, in den bauhoff geführet, und daselbst von den Steinmezen um ein billiges ausgearbeitet werden, wornächst das Bauamt solche stücken nach dem in der Tax-ordnung angesezten preise, an die bauenden wieder überlassen kann, wodurch dann das bauen ohngehindert beschieunigt würde.

32.

Die Ziegeln und Backsteine sollen nicht in den Ziegelhütten verkauffet, sondern gegen baare Zahlung in den bauhoff geliefert werden, von warmen sie an die bauenden überlaßen werden können.

33.

Soll auch ein guter kalkofen angeleget und darinnen jedesmahl nicht mehr kalk gebrandt werden, als viel das Bau amt binnen 8 tagen verarbeiten laßen kann, wie dann

34.

Die Maurer allen fleisses dahin anzuhalten, daß sie nicht, nach
dem schlendrian und der bösen gewohnheit, den kalck lange Zeit
zuvor in einer gruben mit wasser mengen und stehen laßen,
sondern denselbigen also bald warm und frisch eingemenget, und
daß er höchstens über 3 tage nicht alt werde, verarbeiten. Dieses
ist das geheimnis der alten gewesen, wodurch sie so feste und
dauerhaffte gebäude der nachwelt hinterlaßen.

35.

Was vor fuhren bey bauung eines Hauses, in herbeischaffung der
nötigen steine, sand, kalck, und anderer bau-materialien zu thun
seyn, solche sollen durch die vom Bauamte hierauf eigentl. zu
haltenden Bauknechte, so ihren verdienst und nahrung davon
haben müßen, um den regulirten tax geschehen. Es wäre dann,
daß ein Bauherr seine eigene Pferde hätte, mit welchen er es ver-
richten laßen wollte.

36.

Wenn sich aber Bauherrn finden würden, welche dem Bauamte
das gemäure lieber überhaupt auf der stelle verdingen, und nach
deßen cörperlichen innhalte von cubicschuh, zu cubic schuh bezahlen wollten, so hat das Bauamt desfalls einen billigen anschlag
zu machen und ad protocollum zu bringen, damit solcher nebst
dem Riße im Bau-Archivo aufgehoben werde.

37.

Endlich, da dieses wichtige werck allerdings einigen verlag
haben will, so würde eine Fürstl. kammer dabei sehr wol fahren,
wenn sie dieses werck unterstüzte zumahl da wegen der Bau-
materialien dieselbige die aller profitabelste vorsehung zu thun
vermögte. Wo nicht so müste man auf einen fond zu einer bau-
amts-Cassa bedacht seyn. So viel schließlichen

38.

Die Bau-amts Taxe betrifft so Könnte solche mit zuziehung ge-

schickter werckmeister dahin verfertiget werden, wie hierunter ein
kleiner entwurff an die hand geben wird

Bau-Amts-Taxa.

Arbeits-Leute.

fl	kr	
		Bau amts gebühren
		vor den Riß
		Vor den Baukosten anschlag und protocoll
		Vor die aufsicht und anord- nung
		Vor das Freyheits-Attestat
		Vor eine Baufuhre von dem Baubofe bis zur stelle
		Taglohn eines Schreiners
		Maurers
		Zimmermeisters
		Taglohn eines gesellens von diesen drey Handwerkern
		Taglohn eines Ziegeldeckers
		Taglohn eines Stuccatur arbeiters
		Eines taglöhners und Handlangers

fl	kr	Bau-Materialia
		Ein malter Kalck
		Ein fuder mauersteine
		Ein fuder sand
		Ein Hundert Backsteine
		Ein Hundert Ziegeln
		Ein Hundert Dielen
		Bauholz,
		Eine fertig aus gearbeitete steinern Fenster verkleidung,
		Eine dergleichen Hauß-thür einfaßung mit dem Fronton,
		Eine Camin-verkleidung von Stein ausgehauen,
		Ein hundert große nagel
		Ein hundert Bretnagel
		Ein fertiges fenster von saubern glase
		Ein tüchtig thür schloß
		Ein paar eisern Bänder an die thüren
		Eine Kellerpumpe,
		Ein malter Gips,
		Ein cubischer fuß gemäuer durch die Bank,
		Ein cubischer Fuß gehauener Quader-stücke.

Personenregister.

Aus lokalhistorischem Interesse sind alle vorkommenden Namen, auch solche, die an und für sich keinerlei allgemeines Interesse beanspruchen können, aufgenommen. Die Namen der Künstler sind gesperrt gedruckt und durch ein beigesetztes A (Architekt), B (Bildhauer) und M (Maler) besonders hervorgehoben.

A.

Amalie Friederike, Markgräfin 1—16
Amerongen, v.
André, St. v.
Armbruster
Arnold A
Arnsperger, Amtmann
Arnsperger, Oberforstmeister
Asal, Dr.

B.

Bachmann
Ballmer
Barck
Barth
Baumbach, v.
Bause, v.
Bayer
Bechthold
Beck
Becker
Beckert
Benedikt XIV.
Benitz
Benzel-Sternau, Graf
Berckheim, v.
Berger A
Berkmüller A
Beust, v.

Beyer A
Binder
Bismarck, Graf
Blanchon
Boehme
Bohlen, v., u. Halbach
Bothmer, Graf
Brandmeier M
Brandmaier, Anna Maria
Brandmeier, Joannes Adamus
Brandner
Braun, Oberballier
Braun A
Breisacher A
Breuer
Brunner A
Buch
Buisson
Burg

C.

Carl Friedrich
Carl Ludwig
Castorph
Clausing A
Clemens IX.
Cortet
Cour

D.

Dahmen

Dallmer
Degen
Degenfeld, v.
Deimling
Deuring
Diehl
Diemer
Doll
Domann
Drechsler
Dubois, v.

E.

Eben
Ehehald B
Ehrenberg, v.
Eichrot, v.
Eisenlohr
Engel
Engelhardt
Engesser
Engler
Epp
Euler,

F.

Feis
Fischer A
Fischer, Phil.
Freistädt, v.
Freystett, v.
Frey
Friedrich
Friedrich Wilhelm III.
Friederike s. Amalie

G.

Gageur
Ganter
Gautier, Dr.
Gayling, v.
Geider
Gemeinhard, M
Gemmingen, v.
Géniol
Genzken

Gerhard
Girardi, v.
Glaubitz, v.
Gmelin A
Götz, B
Götz, Maria Theresia
Götz, Maria Elisabetha
Götz, Georgius Valentinus
Graf A
Groos, Dr.
Groß
Guerillot, Hoffourier
Guerillot, Frau
Guerillot, Frl.
Guhmann
Günter

Haas
Hagenmaier
Hager
Hahn
Hamm
Hammes
Hamminger
Hartmann
Haßlocher
Heck
Heister, v.
Helbling A
Hencka
Hendrich A
Herbster
Hermann . v. Zähringen
Herold
Herrling
Herterich M
Heß
Hetterich
Hildenbrand
Hilpert
Hinkeldey
Hirsch, Val.
Hochstetter A
Hofmann

Hörst
Huber
Hutten, Fr. Christ, v.

J.

Jauch
Jäger
Joachim, Kanzlist
Joachim, Oberamtsrichter
Jochim
Joseph
Jschler
Jung

K.

Kalliwoda A
Kamm
Karig, v.
Karl VI.
Karl VII.
Keller
Kettner, v.
Kirchgeßner
Kirsch
Kissel
Klein
Knoderer A
Kopp
Krefeld M
Kretsch
Kron
Kühne
Kunz

L.

Lacoste
Lambertini
Lang A
Langenbach
La Roche, v.
Laurop
Lemaistre
Lohnert
Longatti
Longchamps, v.

Lorenz
Ludwig, von Bayern
Ludwig Wilhelm
Lumpp A
Lumpp, Gch. Reg.-Rat a. D.
Lutz, Bierbrauer
Lutz, Wagenrevident

M.

Machauer
Maier, Model Sal.
Maier, Postdirektor
Marchini M
Martin
Martini
Mathes
Maul
Mayer, Oberamtsrichter
Mayer, Werkaufseher
Mayer, Kanzleirat
Mayer, Revisor
Maximilian, Markgraf
Maximilian, Prinz, Großh. Hoheit
Menzer
Mohr
Montmort, Vicomte de
Müller A
Müller, Geometer
Muth

N.

Napoleon
Nast
Neumann, Balthasar A

Nobis,
Nußbaum

O.

Oels, Herzogin v. Braunschweig
Ottendörfer

P.

Paul, B
Perpenté A
Poul, van

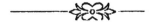

Von demselben Verfasser sind erschienen:

„Hans Morinck", Rep. f. Kunstw., XX. Bd., 4. Heft, 1897.

„Von den Universitätsgebäuden in Heidelberg", C. Winter, Heidelberg 1903.

„Die Universitätsfrauenklinik in Heidelberg", gemeinsam mit Geh. Hofrat Prof. Dr. v. Rosthorn, C. Winter, Heidelberg 1904.

„Die Petrikirche in Lübeck", Inventarisation der lüb. Kunstdenkmäler, Bd. 2, Verlag v. B. Nöhring, Lübeck 1906.

In Vorbereitung:

„Das Konstanzer Häuserbuch".

C. F. Wintersche Buchdruckerei.